내가 좋아하는 스★타

I Love

K-POP

아이 러브 케이팝

— 피아노 연주곡집 —

태림스코어

차례 Contents

Marry Me	마크툽, 구윤회(Maktub, Gu Yoon Heo)	4
가을 아침(Autumn Morning)	아이유(IU)	6
Power	엑소(EXO)	8
너무너무너무(Very Very Very)	아이오아이(I.O.I)	11
빨간 맛(Red Flavor)	레드벨벳(Red Velvet)	14
얼굴 찌푸리지 말아요(Plz Don't Be Sad)	하이라이트(Highlight)	17
Ko Ko Bop	엑소(EXO)	20
귀를 기울이면(Love Whisper)	여자친구(GFRIEND)	22
비행운(Contrail)	문문(MoonMoon)	24
Cheer Up	트와이스(TWICE)	26
시간을 달려서(Rough)	여자친구(GFRIEND)	30
instagram	딘(DEAN)	32
우주를 줄게(Galaxy)	볼빨간 사춘기(Bolbbalgan4)	34
TT	트와이스(TWICE)	37
무제(Untitled)	지드래곤(G-DRAGON)	40
선물(Gift)	멜로망스(Melomance)	43

첫 눈처럼 너에게 가겠다(I Will Go To You Like The First Snow)　에일리(Ailee)　46

그때의 나 그때의 우리(When We Were Two)　어반자카파(Urban Zakapa)　49

밤편지(Through The Night)　아이유(IU)　52

숨(Breath)　박효신(Park Hyo Shin)　55

나야 나(Pick Me)　프로듀스 101(Produce 101)　58

좋니(Like It)　윤종신(Yoon Jong Shin)　61

썸 탈 거야(Some)　볼빨간사춘기(Bolbbalgan4)　64

매일 듣는 노래(A Daily Song)　황치열(Hwang Chi Yeul)　66

에너제틱(Energetic)　워너원(Wanna One)　69

피 땀 눈물(Blood, Sweat & Tears)　방탄소년단(BTS)　72

오늘부터 우리는(Me Gustas Tu)　여자친구(GFRIEND)　75

나로 말할 것 같으면(Yes I Am)　마마무(MaMaMoo)　78

Beautiful　워너원(Wanna One)　81

비도 오고 그래서(You, Clouds, Rain)　헤이즈(Heize)　84

Where You At　뉴이스트 W(NU'EST W)　86

Love Me Love Me　위너(Winner)　89

Marry Me

마크톱 작사
마크톱 작곡
마크톱, 구윤회(Maktub, Gu Yoon Heo) 노래

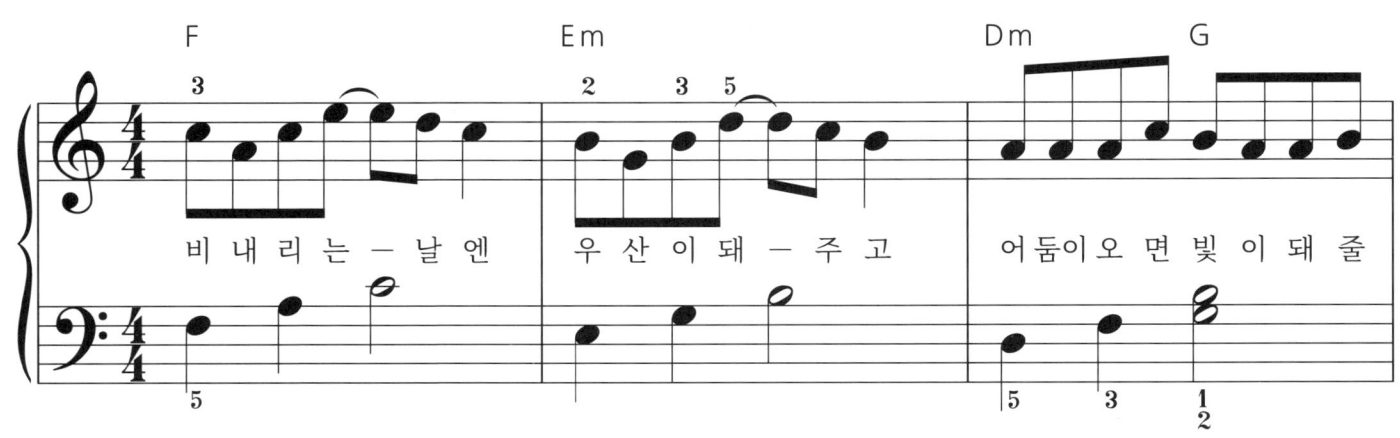

비 내 리 는 — 날 엔   우 산 이 돼 — 주 고   어둠이오면빛이돼줄

게   추 운 겨 울 — 이 면   난 로 가 돼 — 주 고

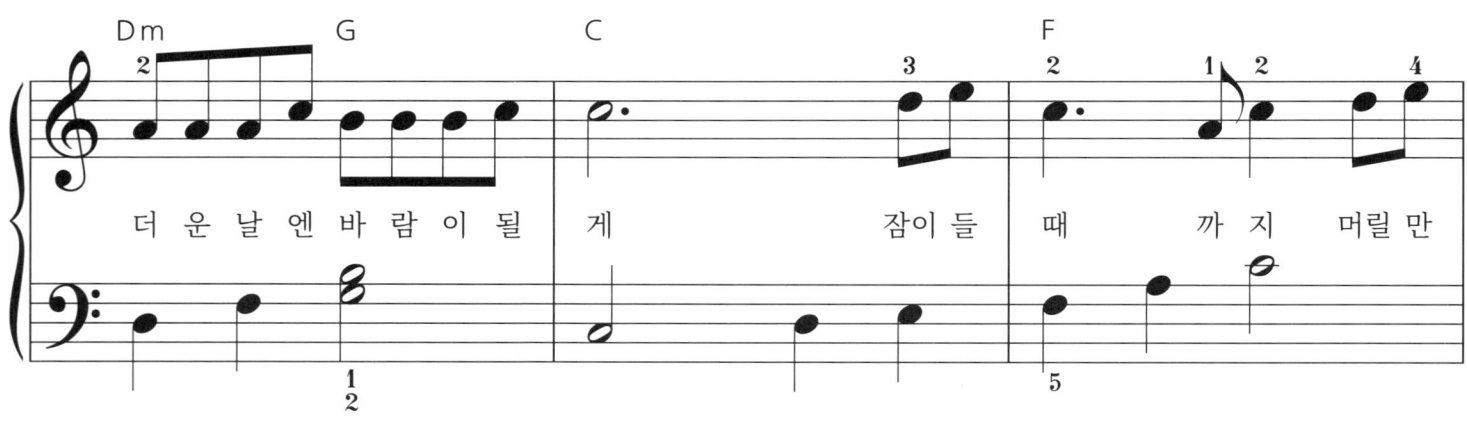

더 운 날 엔 바 람 이 될   게   잠 이 들   때   까 지 머 릴 만

져   줄 게 니 가 두   려 울 때 마 다 꼭 옆 에 있 어 줄   게   갑 작 스

F
C
Dm
G

런   맘에 문득 떠   나 고 싶 으 면   내일 무슨일이 있 어도 함 께떠 나 줄

C
F
Em
Dm
G

게   Ma - rry — Me   내손   잡 아 줄 래요 —

F
Em
Dm
G
F
Em

Ma - rry — Me 나와 평 생함께할래 요 — —   남 은 나 의 모 든삶

Dm
G
F
Em
Dm G C

오직그대남자로 살고 싶 어 요   Ma - rry Me darling 나와   결 혼해 줄 래 요

5

가을 아침

Autumn Morning

이병우 **작사**
이병우 **작곡**
아이유(IU) **노래**

이른 아침 —　작은 새들 —　노랫 소리 —　들려 오면 —
창 문 하나 —　햇 살 가득 —　눈 부 시게 —　비 쳐 오고 —

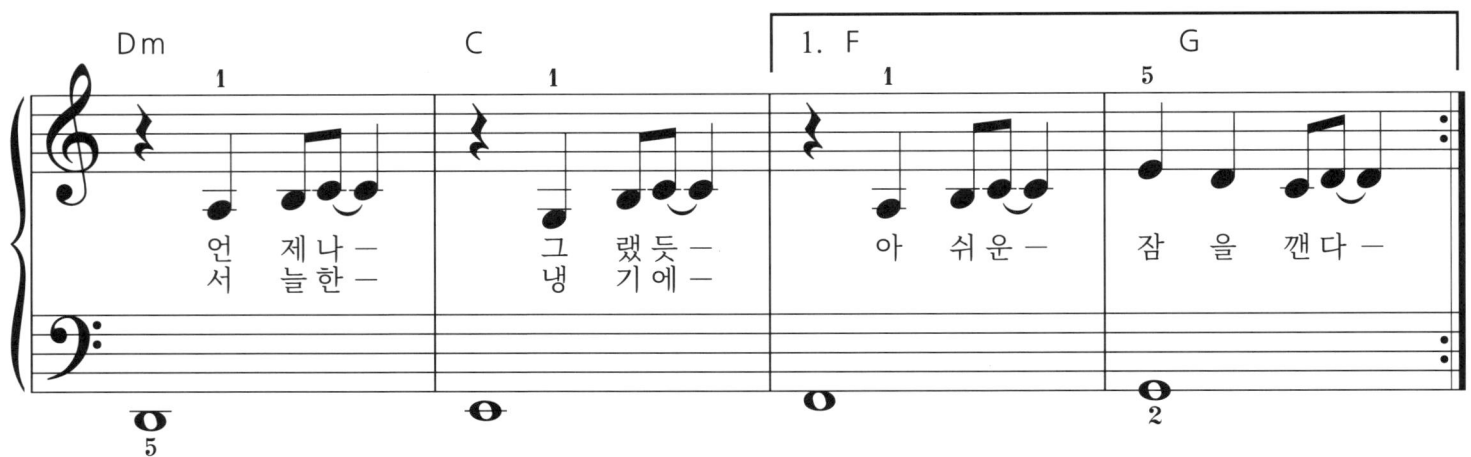

언 제 나 —　그 랬듯 —　아 쉬운 —　잠 을 깬다 —
서 늘한 —　냉 기에 —

재 채 기 —　할 까 말 까 —　가 을 아침 —　내 겐 정말 —

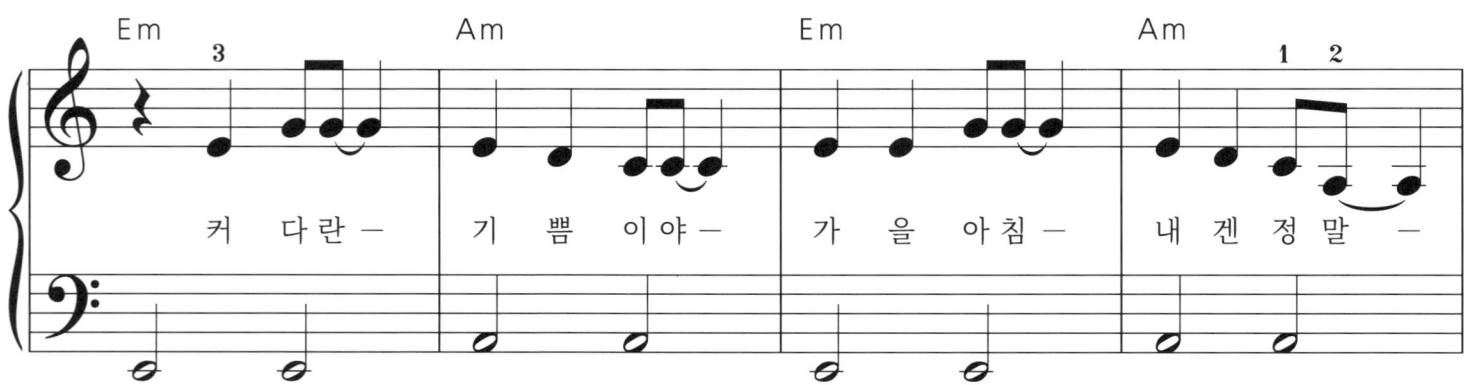

커 다란 —　기 쁨 이야 —　가 을 아침 —　내 겐 정말 —

Em　　　　　　　　　　Am　　　　　　　Dm

커 다란 —　　행 복 이야 —　　　응 석 만　부 렸 던 내

G　　　　　　　　　　　　　　　C　　　　　　G

— 겐　　　　　—　　　　　창 문 하나 —　　햇 살 가득 —

Gm　　　　　　　　F　　　　　　Dm　　　　　　C

눈 부 시게 —　　비 쳐 오고 —　　서 늘한 —　　냉 기에 —

F　　　　　　　　　G　　　　　　C

재 채 기 —　　할 까 말 까 —　　음　　　　—

Power

김혜정 외 **작사**
Chapman Hayden 외 **작곡**
엑소(EXO) **노래**

머뭇 거리 지마 Move on 자 시 간이 없어 너의미래는 바 로

상 상에 달렸어 두려 움 따윈 버 려 우 린 그래 도 돼

모 든 열 쇠 너 에게있 는 데 잠 들지않 — 아 도

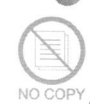

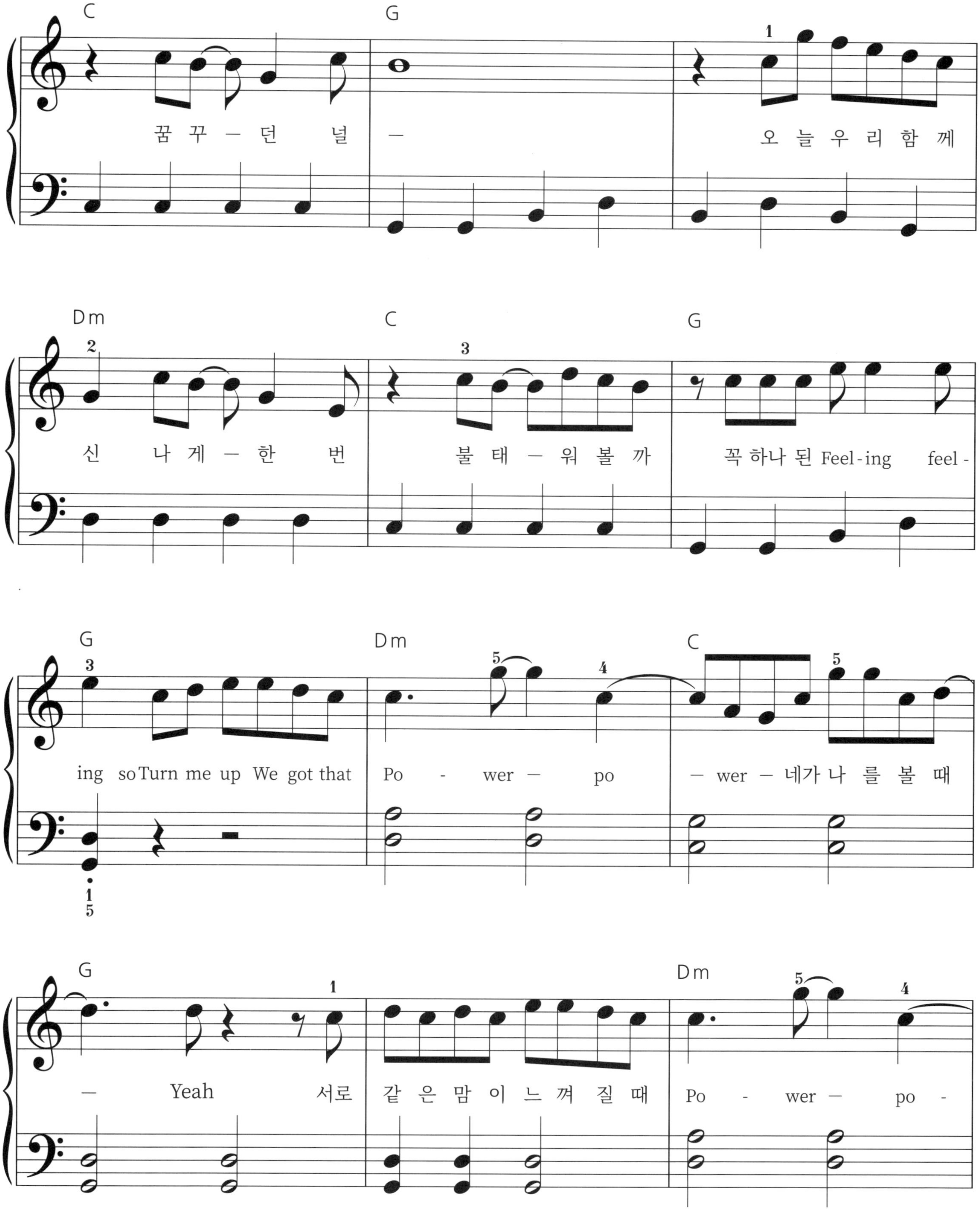
C G
꿈 꾸 — 던 널 — 오 늘 우 리 함 께
Dm C G
신 나 게 — 한 번 불 태 — 워 볼 까 꼭 하나 된 Feel-ing feel-
G Dm C
ing so Turn me up We got that Po - wer — po — wer — 네가 나 를 볼 때
G Dm
— Yeah 서로 같 은 맘 이 느 껴 질 때 Po - wer — po -

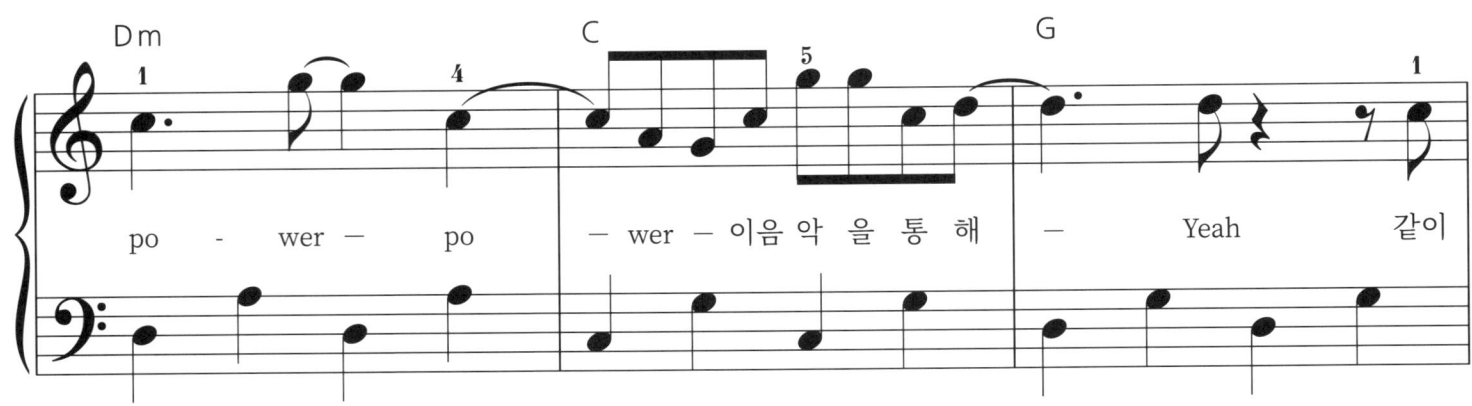

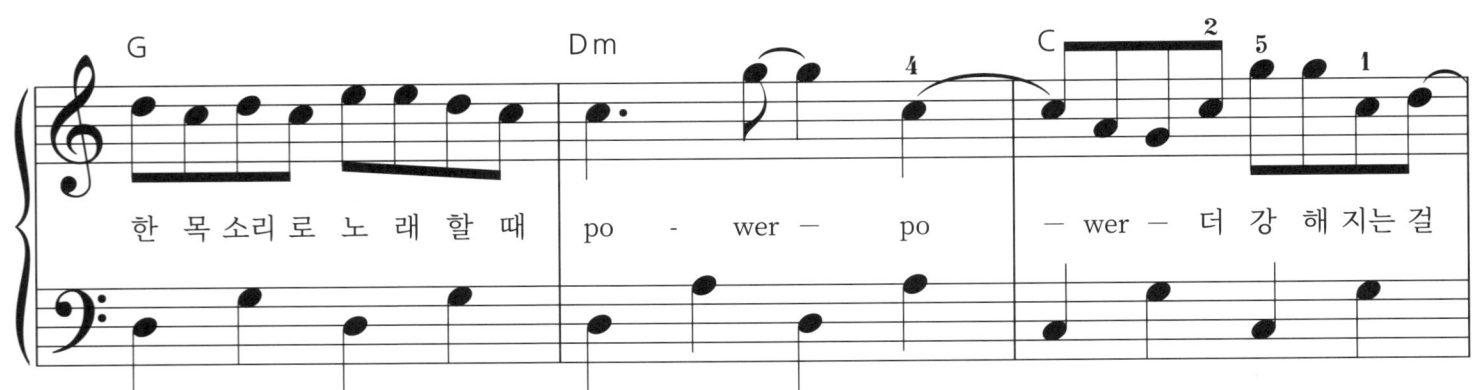

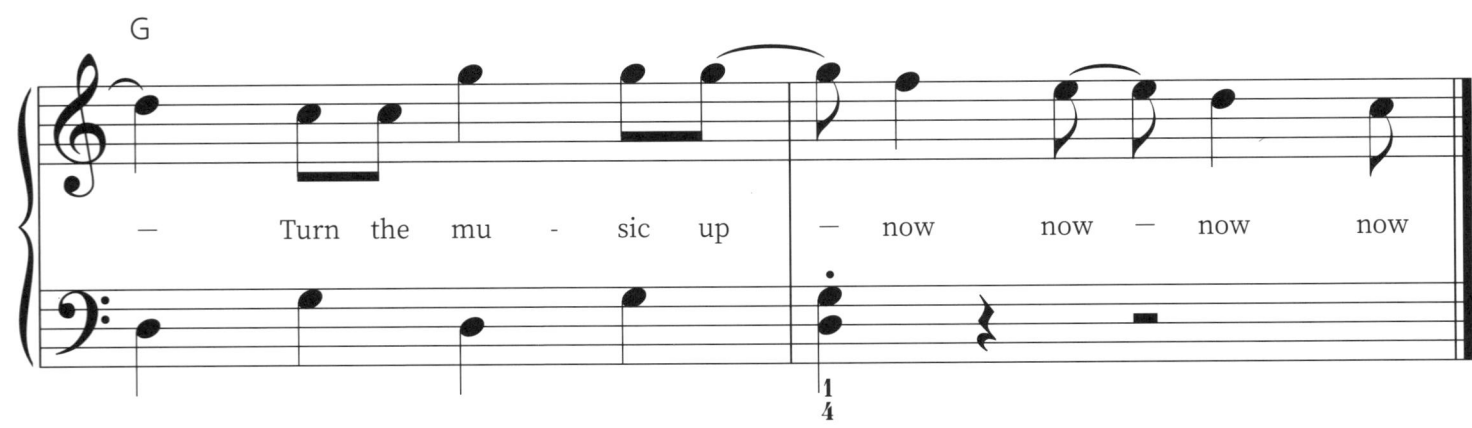

너무너무너무

Very Very Very

박진영 **작사**
박진영 **작곡**
아이오아이(I.O.I) **노래**

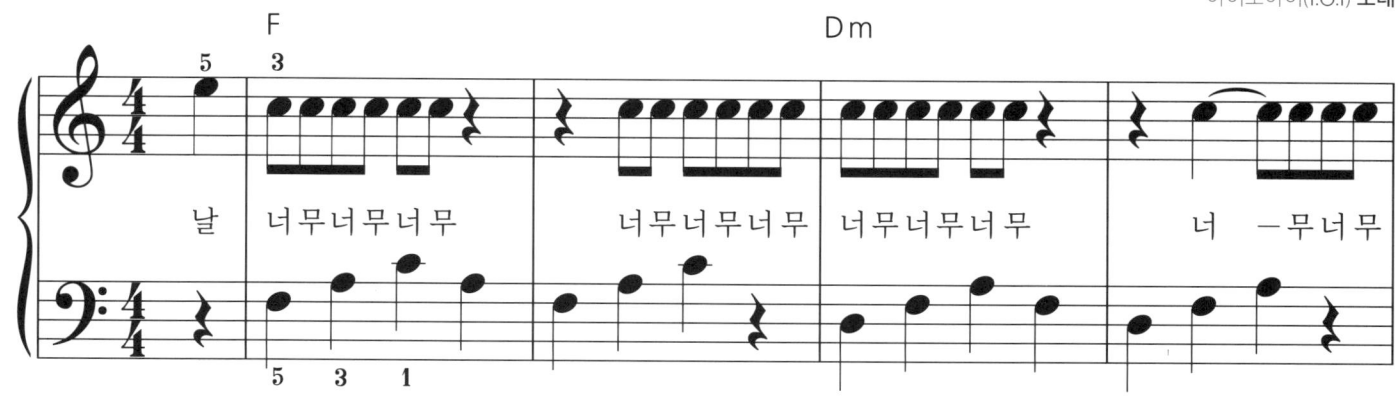

날 너무너무너무 너무너무너무 너무너무너무 너 ─무너무

너무너무너무너무 너무좋아하면그 때 말 해 줘

남자들은 똑 같 대 믿 지 말 래 사 랑 한 다 는 말
이런느낌처음이 라 고 누 구 라 도 이 런 적 없 다 고

사랑하기도 전 에 말 이 먼 저 나 오 기 때 문 ─에
내 ─눈을바라 보 며 말 을

1. Am   G

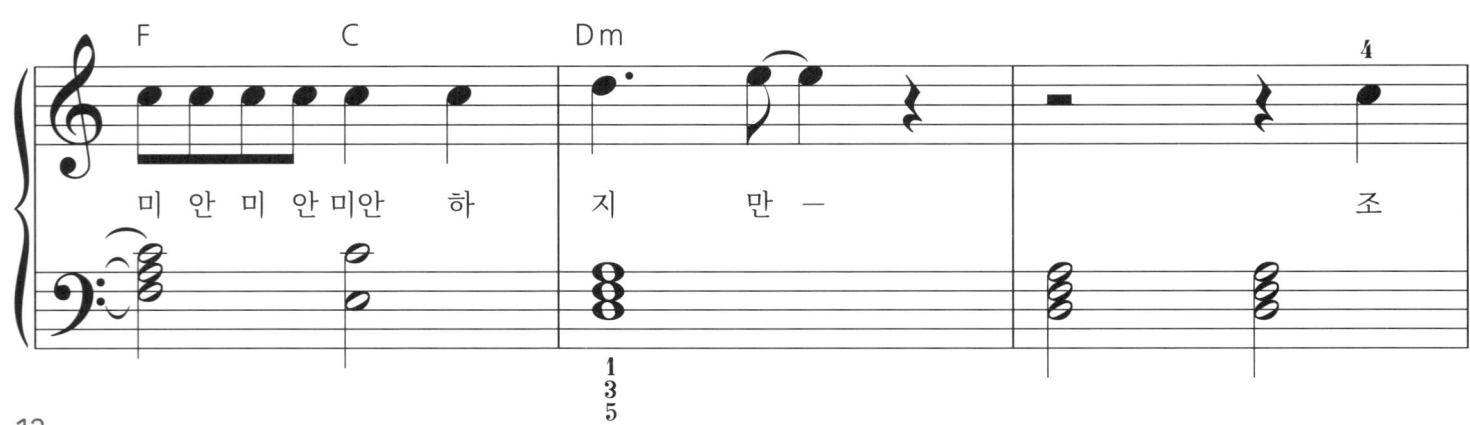

Em

금 만 — 나를 향 한 — 마음을 더 보여

Am7

Am7

줄 수 있 니
(날

F

너무너무너무)

너무너무너무

Dm

너무너무너무

너 — 무너무

Em

너무너무너무너무

Em

너무좋아하면그

Am

때 말 해 줘 —

빨간 맛

Red Flavor

Kenzie 외 **작사**
Caesar Daniel Mikael 외 **작곡**
레드벨벳(Red Velvet) **노래**

빠빠빨간 맛　　궁금해 Ho-ney —　　깨물면

점　점녹아 든스트로　베리그　맛코너캔디샵　 —　　찾아봐

Ba-by —　　내가제　일　좋아하는건　여름그　맛　야자

나 무그늘아래졸고　싶고 —　　뜨거운　여름밤의바람은불

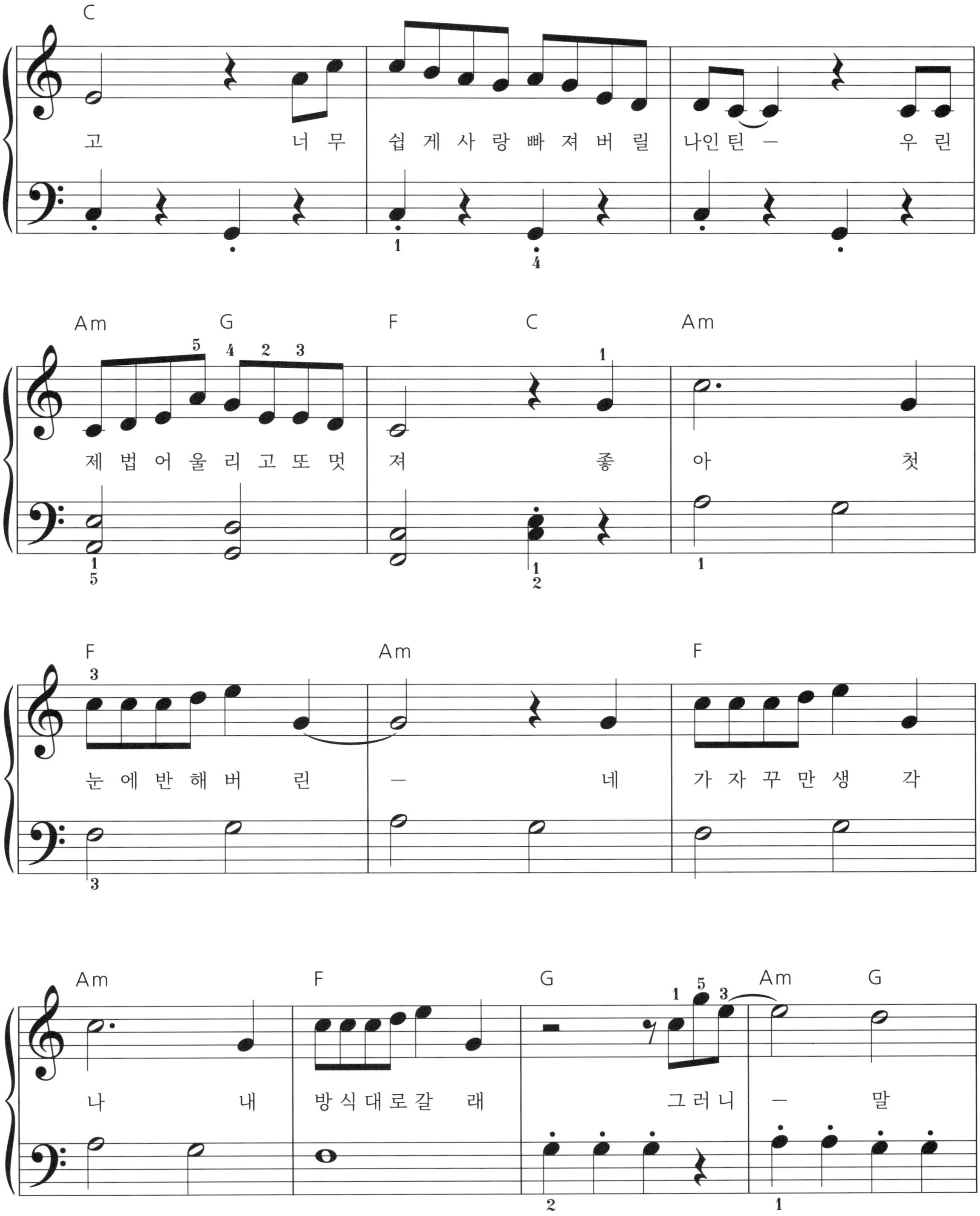

C

고　　　　너무　쉽게사랑빠져버릴　나인틴 —　　우린

Am　　　G　　　　F　　　C　　　Am

제법어울리고또멋　져　　　좋　아　　　첫

F　　　　　Am　　　　F

눈에반해버린 —　　네　가자꾸만생　각

Am　　　F　　　G　　　　Am　G

나　내　방식대로갈래　그러니 —　말

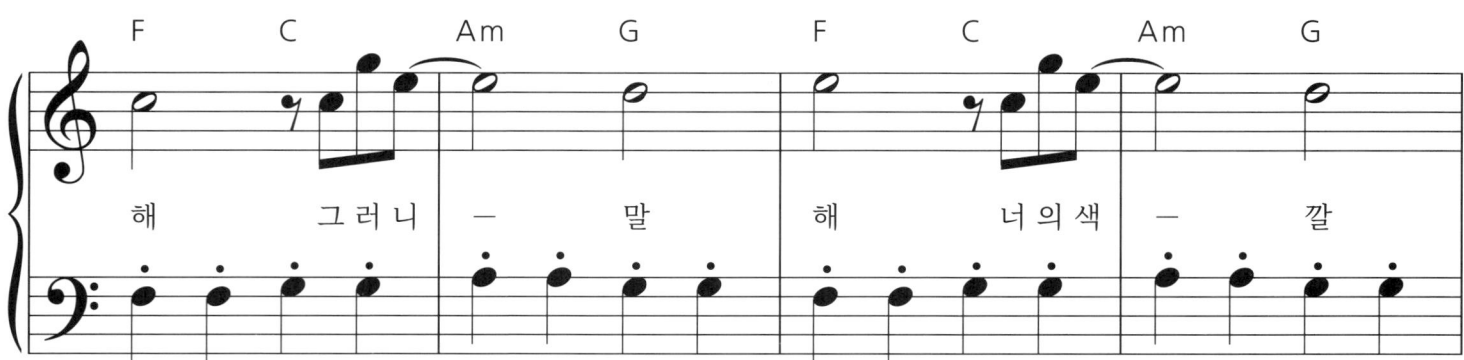

얼굴 찌푸리지 말아요

Plz Don't Be Sad

김태주, 용준형 **작사**
김태주, 용준형 **작곡**
하이라이트(Highlight) **노래**

오 늘 따 라 유 난 히 웃 지 않 는 네 가 왠 지 슬 퍼 보 여

무 슨 일 이 있 냐 는 나 의 말 에 괜

찮 다 며 고 갤 돌 려 너 — 의 눈 물 한 방 울 에 내 하 늘 은 무

너 져 내 — 려 깊 게 내 쉬 는 한 숨 이 내 맘 을 찢 — 어 난

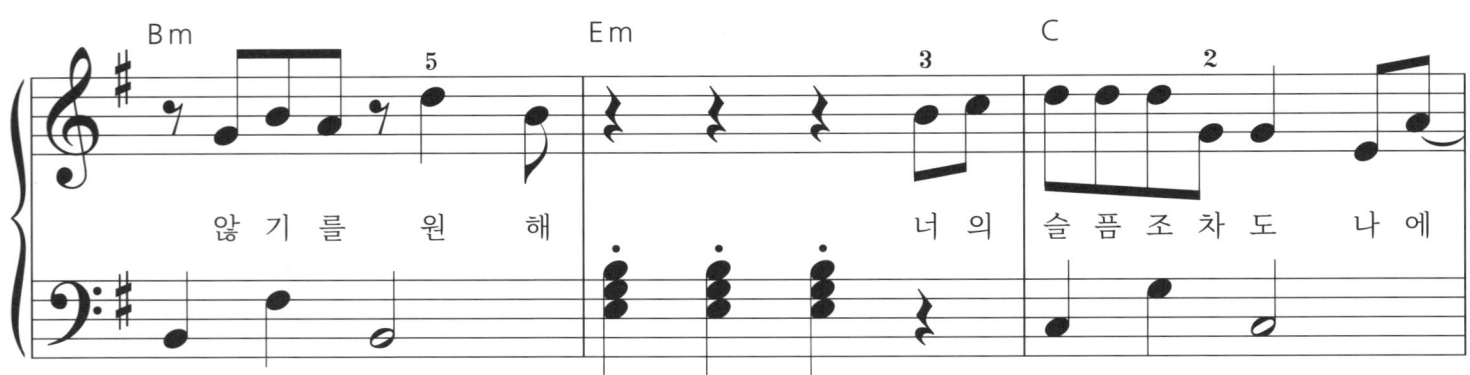

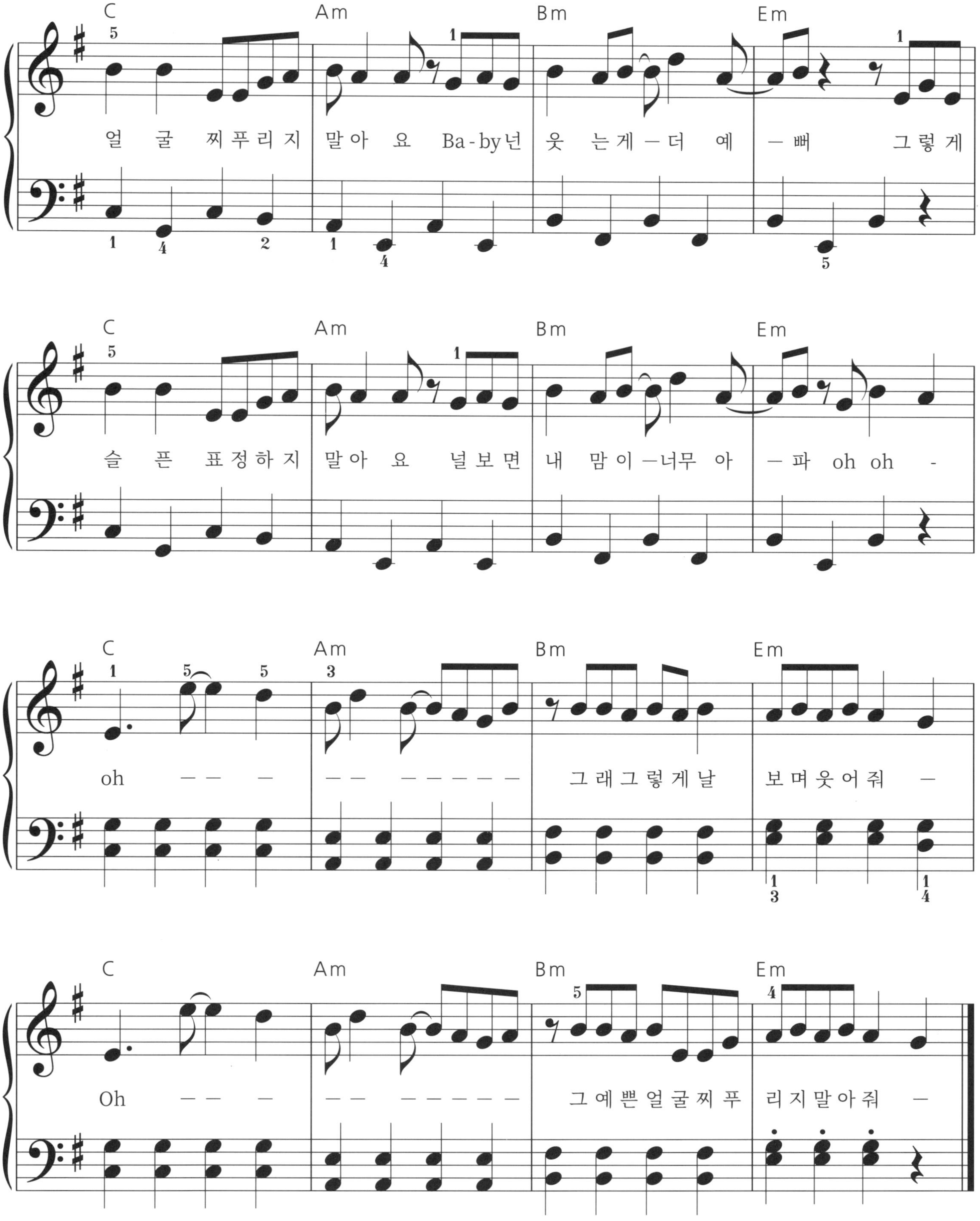

얼굴 찌푸리지 말아요 Ba-by넌 웃는게 —더 예 ——뻐 그렇게

슬픈 표정하지 말아요 널보면 내 맘이 —너무 아 ——파 oh oh -

oh — — — — — — — — — — 그래그렇게날 보며웃어줘 —

Oh — — — — — — — — — 그 예쁜얼굴찌푸 리지말아줘 —

Ko Ko Bop

첸, 찬열, 백현 외 **작사**
Kaelyn Behr 외 **작곡**
엑소(EXO) **노래**

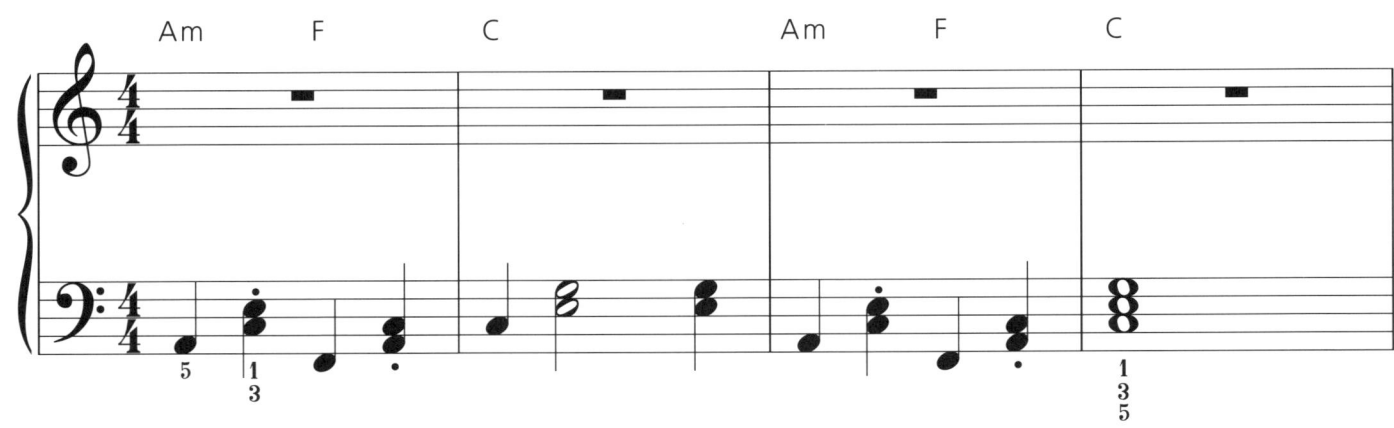

Shimmie Shimmie Ko Ko Bop ─ I think I like it 긴 장은 down down 부끄러 말 고

어 지 러 운 내 맘 속 에 내 가 들 어 가 익 숙 한 듯 부 드 럽 게 네 게 번 져 가 Ah

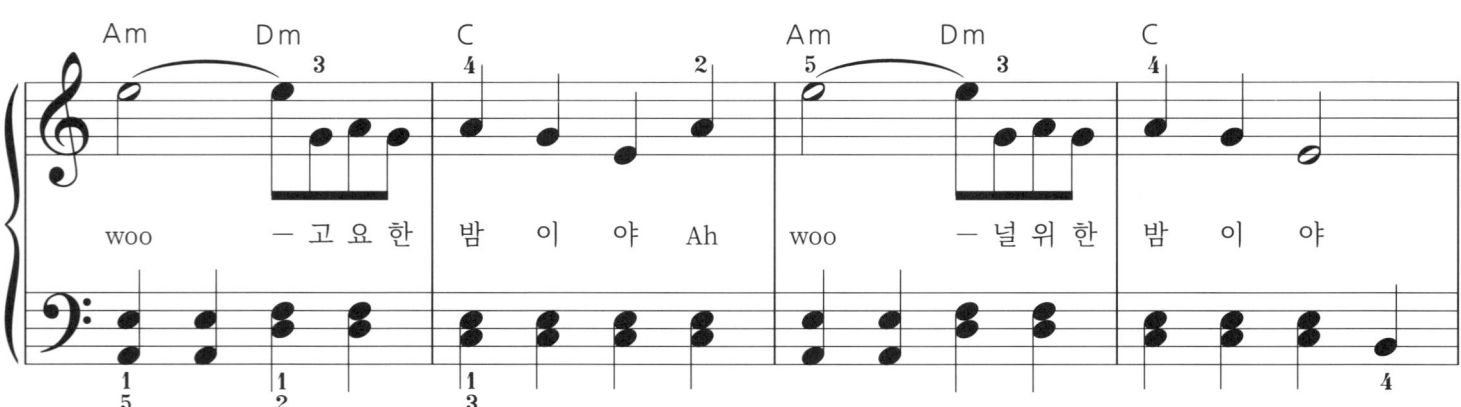

woo ─ 고 요 한 밤 이 야 Ah woo ─ 널 위 한 밤 이 야

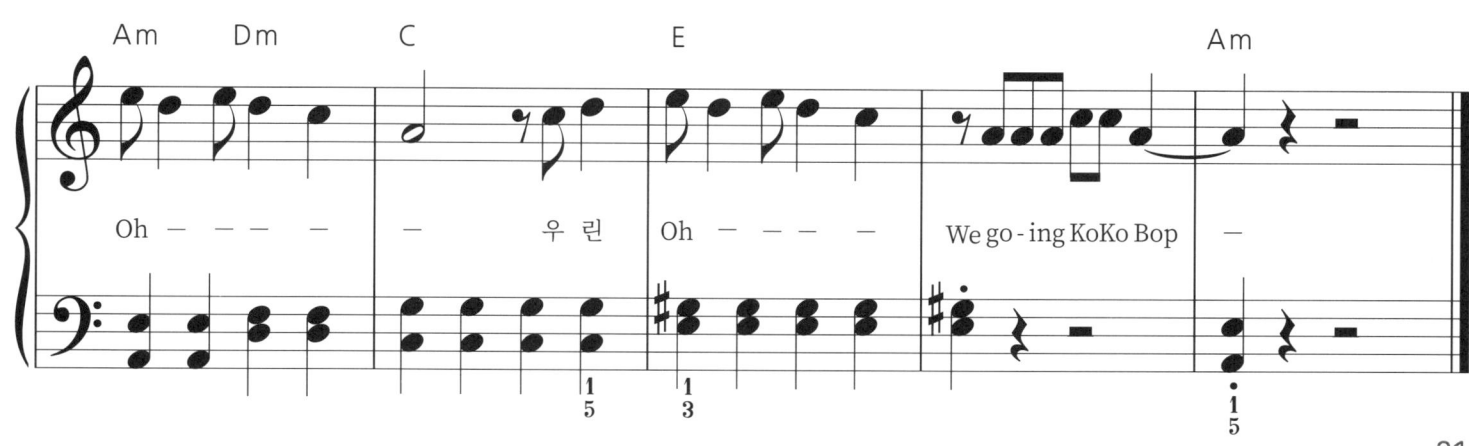

귀를 기울이면

Love Whisper

서용배, 임수호 **작사**
서용배, 임수호 **작곡**
여자친구(GFRIEND) **노래**

내 맘을 ―말로표 현 할 수없어 스치듯 ―기분좋 은 바 람들과―

너 와 나 ―함께들었던노 래 가 사 처 럼 유 난 히 ―오 늘 은 ―기 분 이 좋 아

눈 이부시 게 많은하늘아 래 땀 방울한방울떨 어지는 그 런 날 에 손

잡고 걸 어가 흐 드 러지던그꽃길위에 서 ― 난 너 와함 께 ― ― ― ―

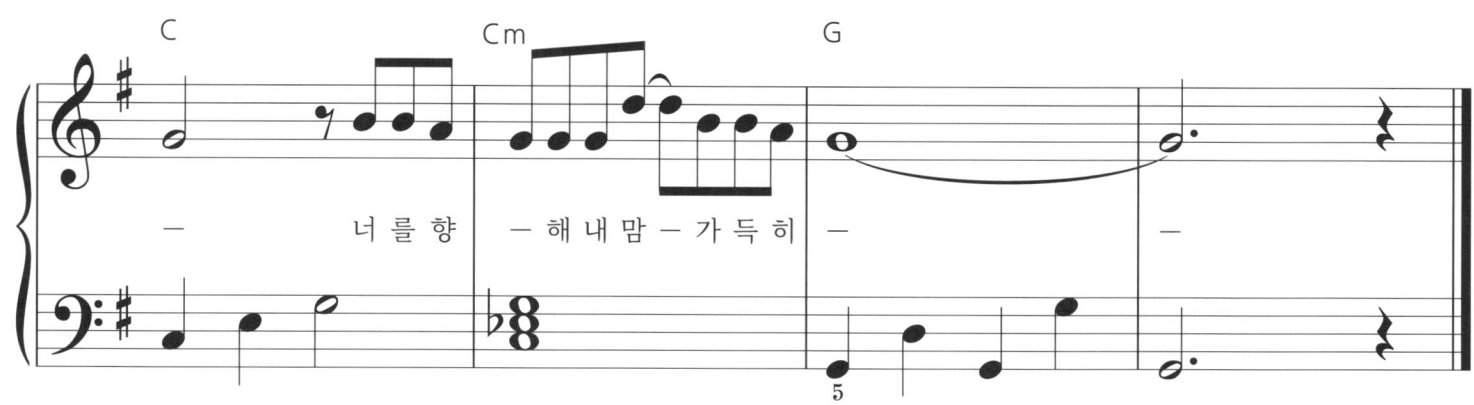

비행운
Contrail

문문 작사
문문 작곡
문문(MoonMoon) 노래

하나 둘 매일매 | 일이 잿빛이더라구 ― | 팽이돌 듯이 빙빙돌더라구
라 겨우내가 되겠지 ― | 뽈이자 라난어른이 될 테니

― 어른이 | ― 라는따 ― 분한벌 | ― 레들이 야금야 금꿈을좀먹더라구
― 억지로 | ― 라도웃 ― 어야지 | ― 하는데 그럼에 도좀울적하더라구

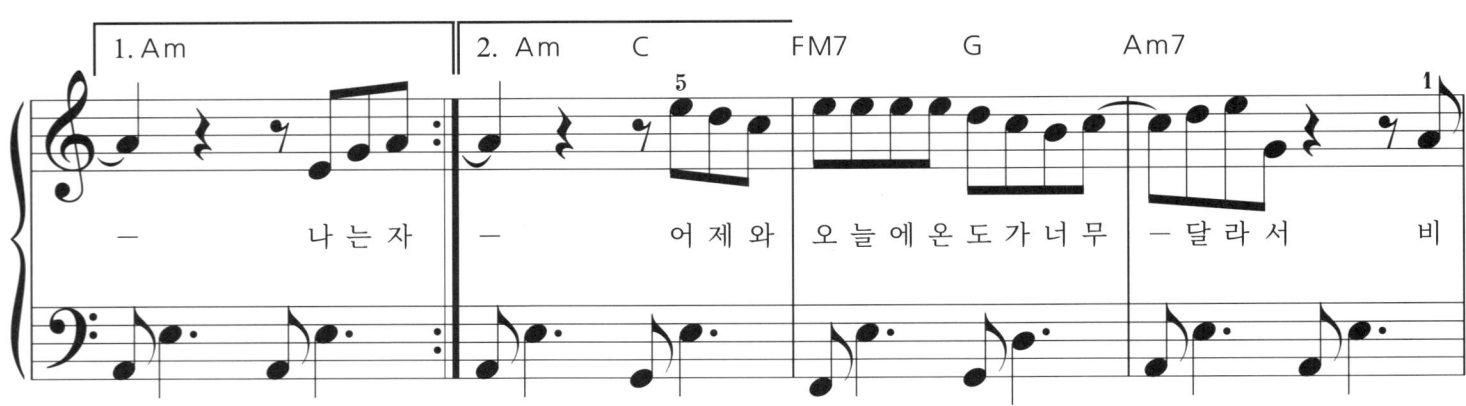

1. Am ― 나는자
2. Am C FM7 G Am7 ― 어제와 오늘에온도가너무 ― 달라서 비

행운이만들어졌네 ― 내가머 물기에여기는너무 ― 높아서 한숨자

F7 E7 Am C FM7 G Am

국만깊게드러났네 ─ 나는자 라겨우내가되겠지 ─ 뽈이자

FM7 G Am FM7 G E7 Am

라난어른이될테니 ─ 억지로 ─라도웃 ─어야지 ─하는데 ─그럼에

F7 E7 Am FM7 G Am FM7 G

도좀울적하더라구 ─ 꼬 마가간직했던꿈은 무엇일까 오래된 일 기장을 꺼내봤네

Am FM7 G E7 Am F7 E7

─ 천 구백구십육년칠월 이 십일에 우주비 행사라고적어놨네

Cheer Up

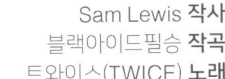

Sam Lewis 작사
블랙아이드필승 작곡
트와이스(TWICE) 노래

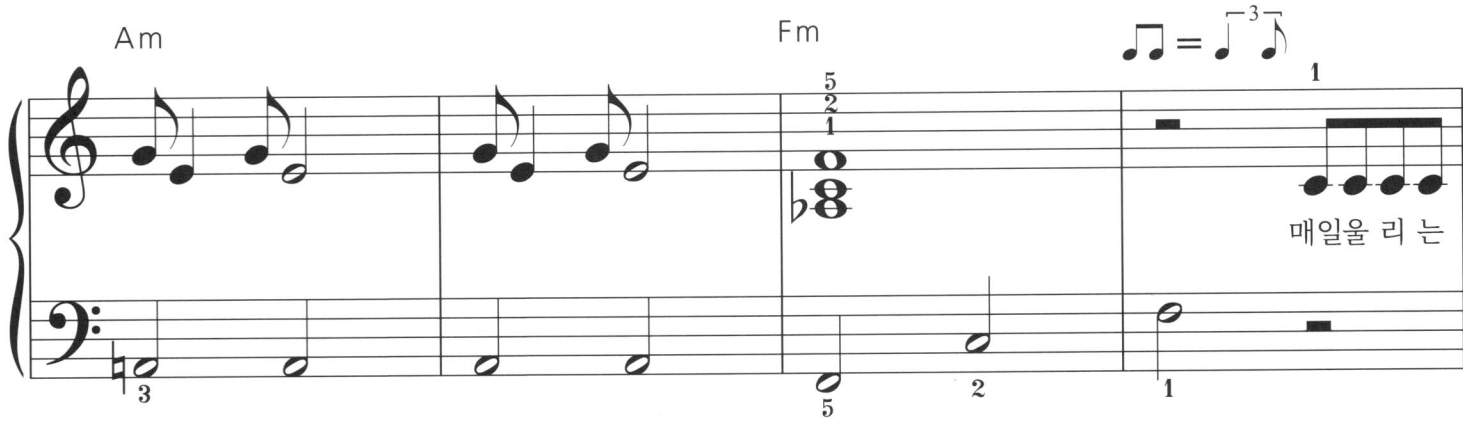

매일울 리 는

벨 벨 벨 이 젠 나를배려 — 해줘배터리 낭비 하 긴 싫어

자꾸만 봐 자꾸 자꾸만 와 전화가 펑 터질 것 만 같아

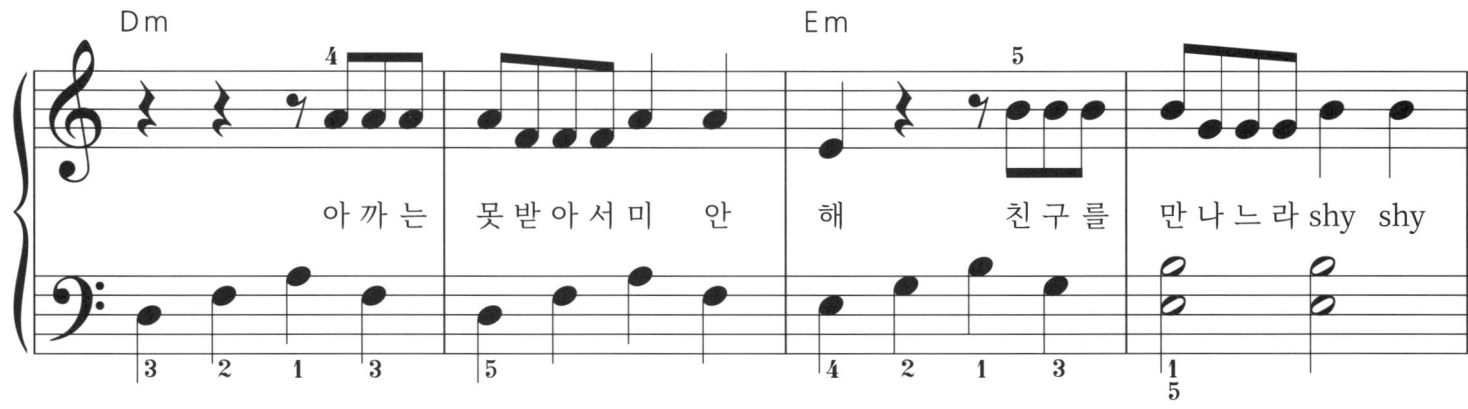

조 르지마　　얼마가지않 아　　부르게해줄 게　　ba - by -

아 직은좀일 러　　내 맘갖긴일 러　　하 지만더보 여줄래

-　　Cheer up Ba - by　　Cheer up Ba - by

좀더힘 - 을 내 -　　여자가　　쉽 게 맘을

주 면 안 돼 그 래 야 니 가 날 — 더 좋 — 아 하 게 될 걸

태 연 하 — 게 연 기 할 — 래 아 무 렇 지 — 않 게

— 내 가 널 좋 아 하 는 맘 모 르 게 Just

get it toge-ther and then ba - by Cheer up

시간을 달려서

Rough

서용배, 이기 **작사**
서용배, 이기 **작곡**
여자친구(GFRIEND) **노래**

다가서지 못하고 헤 매이고있어 좋아하지만 다른 곳

을보고있어 가까워지려고 하면할수록 멀어

져 가는 — 우리 들의마음 — 처럼 만나지못해맴

— 돌고있어 우린 마 치평행선처럼 — 말도안

돼 우 ― 린 반 드 ― 시 ― 만 날 거 야 ― 기 다 릴 게 언

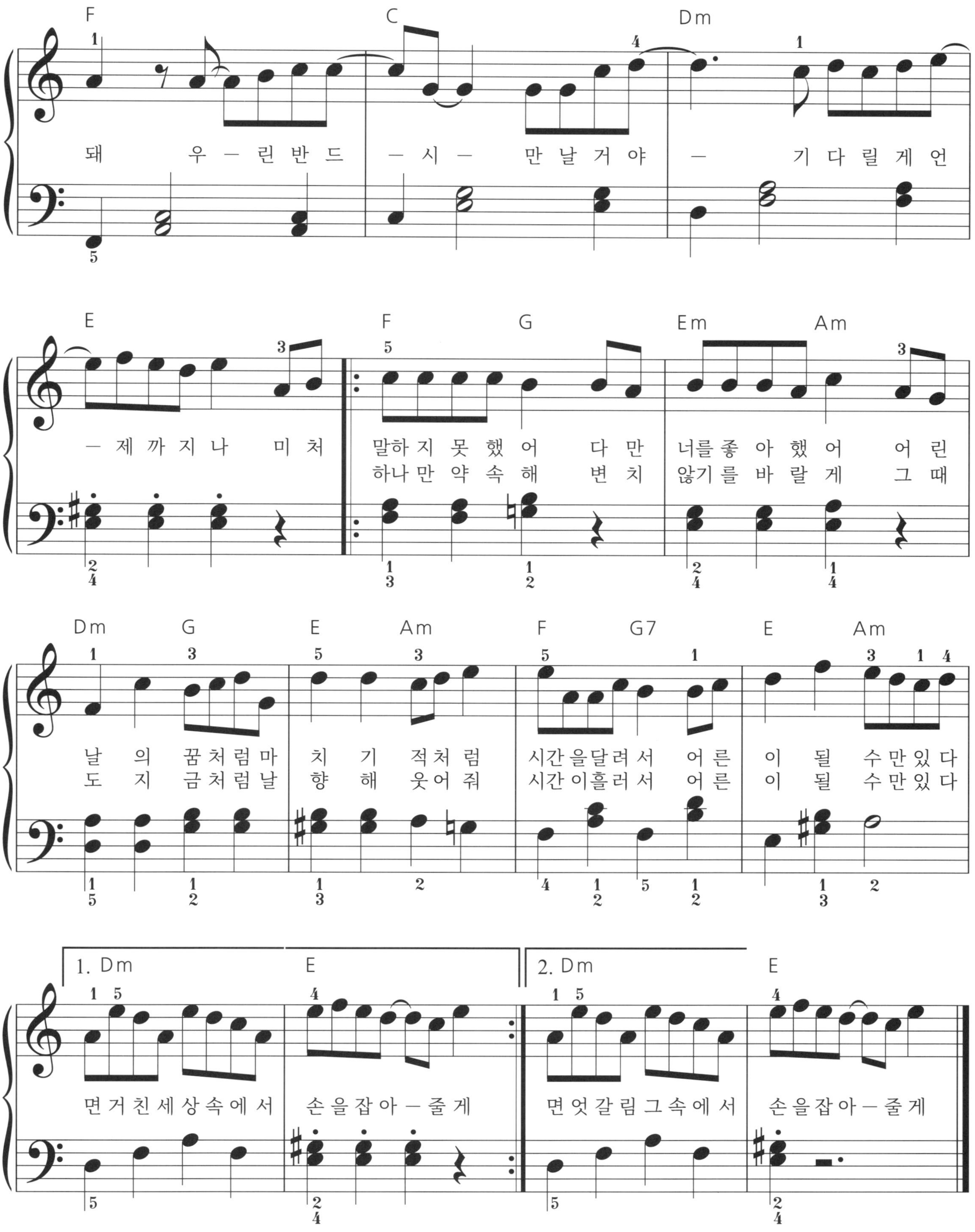

― 제 까 지 나 미 처
말 하 지 못 했 어 다 만 너 를 좋 아 했 어 어 린
하 나 만 약 속 해 변 치 않 기 를 바 랄 게 그 때

날 의 꿈 처 럼 마 치 기 적 처 럼 시 간 을 달 려 서 어 른 이 될 수 만 있 다
도 지 금 처 럼 날 향 해 웃 어 줘 시 간 이 흘 러 서 어 른 이 될 수 만 있 다

1. Dm E
면 거 친 세 상 속 에 서 손 을 잡 아 ― 줄 게

2. Dm E
면 엇 갈 림 그 속 에 서 손 을 잡 아 ― 줄 게

instagram

Deanfluenza 작사
Deanfluenza, Highhopes 작곡
딘(DEAN) 노래

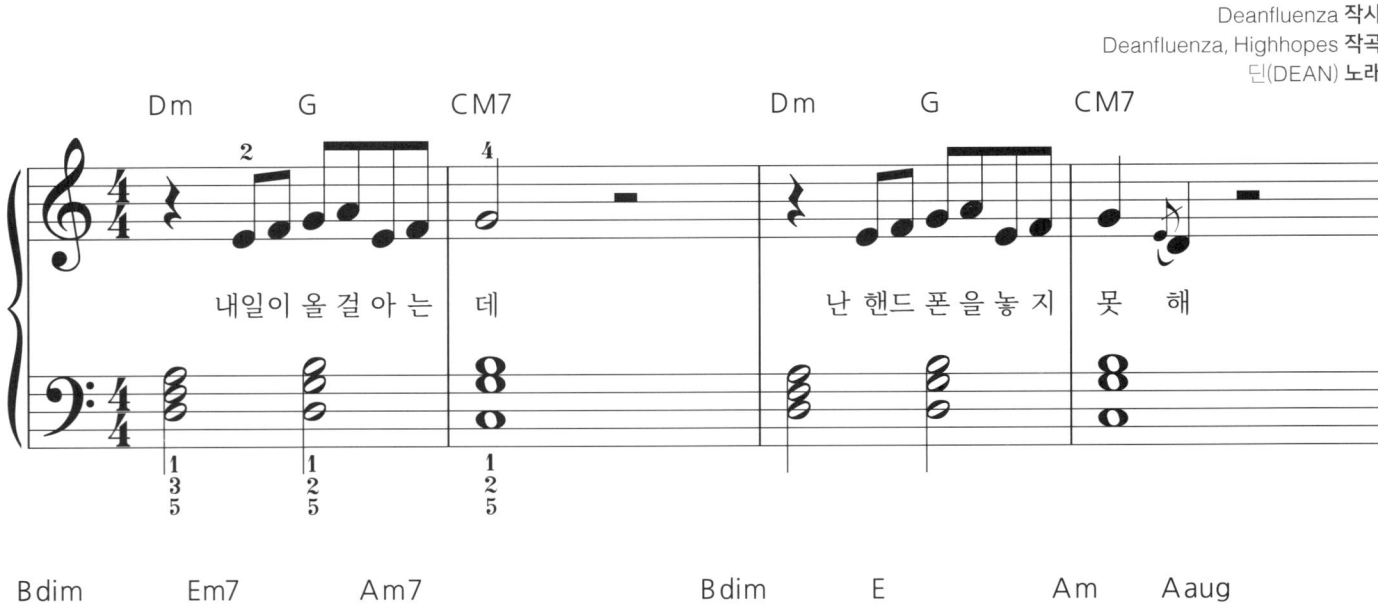

내일이 올 걸 아 는 데   난 핸드 폰을 놓지 못 해

잠 은 올 생각 이 없 대 yeah— 다시   인스 타 그램 인스타 그램 하 네

잘 난 사 람 많 고 많 지   누군 어딜 놀러 갔다 지   이——예— 좋

아요는 안눌렀어 나   만 이런것 같아서 저기   인스타그램 인스타 그램속 엔   문

제야문제 — 온 세상속에 — 똑 같 은 사랑노래 가 와

닿지못해 — 나 의밤속엔 — 생 각 이 너 무 많 — 네 뚜

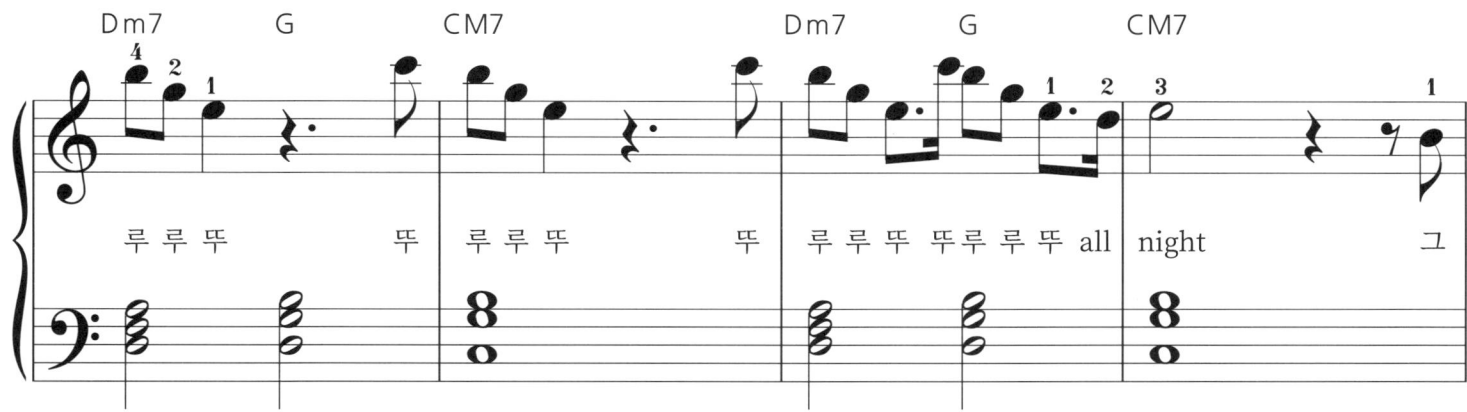

루 루 뚜 뚜 루 루 뚜 뚜 루 루 뚜 뚜루 루 루 뚜 all night 그

렇 게 시 간 낭 —비를하네 — 저 인 스 타 그램 속에 —서 —

우주를 줄게

Galaxy

안지영, 우지윤 **작사**
안지영, 바닐라맨 **작곡**
볼빨간 사춘기(Bolbbalgan4) **노래**

커피를 너무 많이 마셨나봐요 심장이 막 두근대고 잠을 잘

수가 없어요 한참 뒤에 별빛이 내리 면 — — 난 다 시

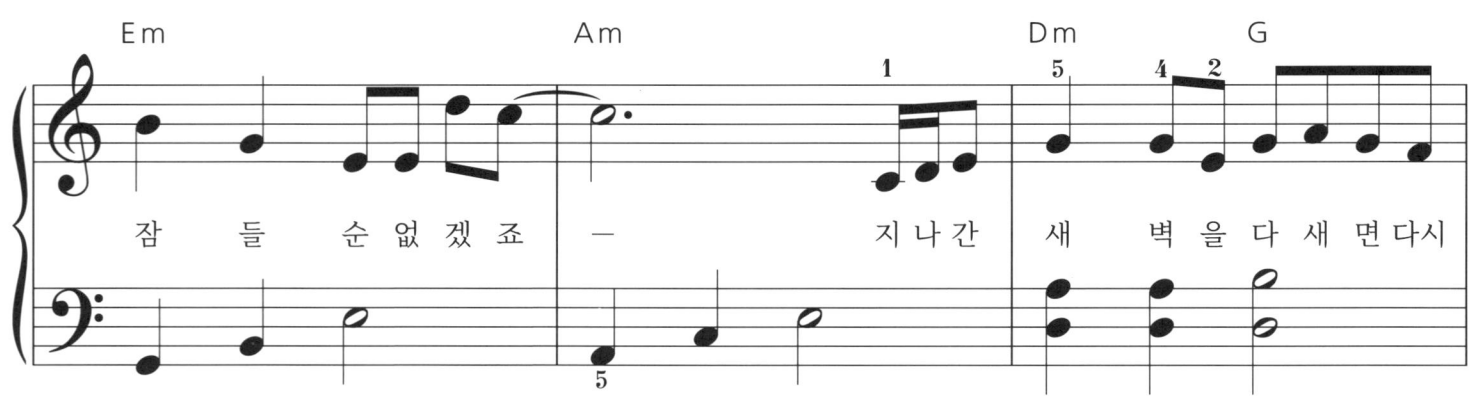

잠 들 순 없겠죠 — 지나간 새 벽을 다 새 면 다시

네 곁에 잠 들겠죠 너의 품에 잠 든 난 마 치 천 사 가 된 것만 같 아요 —

Dm   G   C   Am   Dm   G

난 그 대 품 에 별 빛 을 쏟 아 내 리 고 은 하 수 를 만 들 어 어 디

C   Am   G7

든 날 아 가 게 할 거 야 —   Cause I'm

Dm   G   C   Am   A

— pilot a - ny - where cause I'm — pilot a - ny - where Light - ing

Dm   G   C   Am7

star shooting star — 줄 게 내   Gala - xy —   Cause I'm

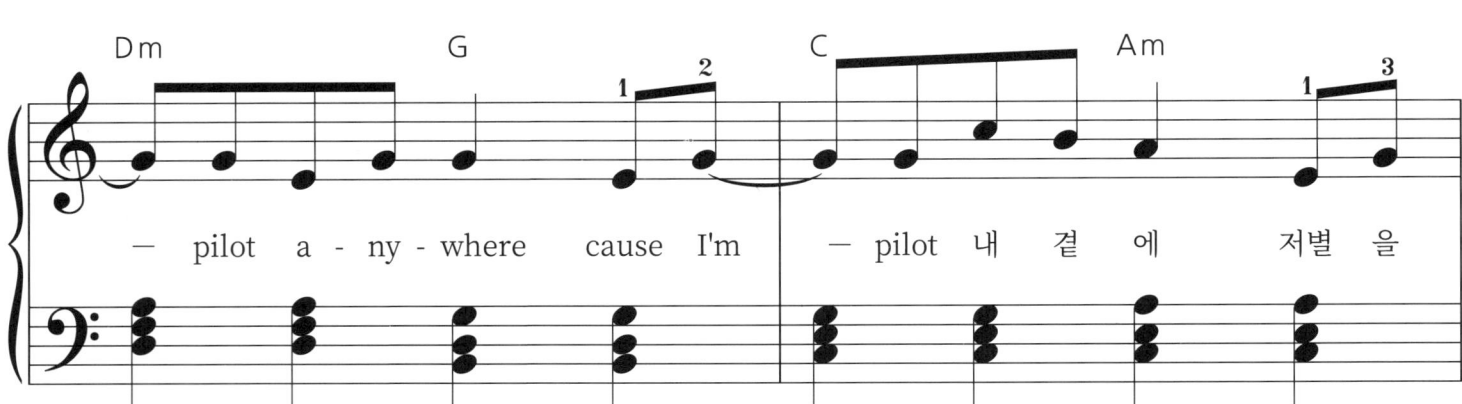

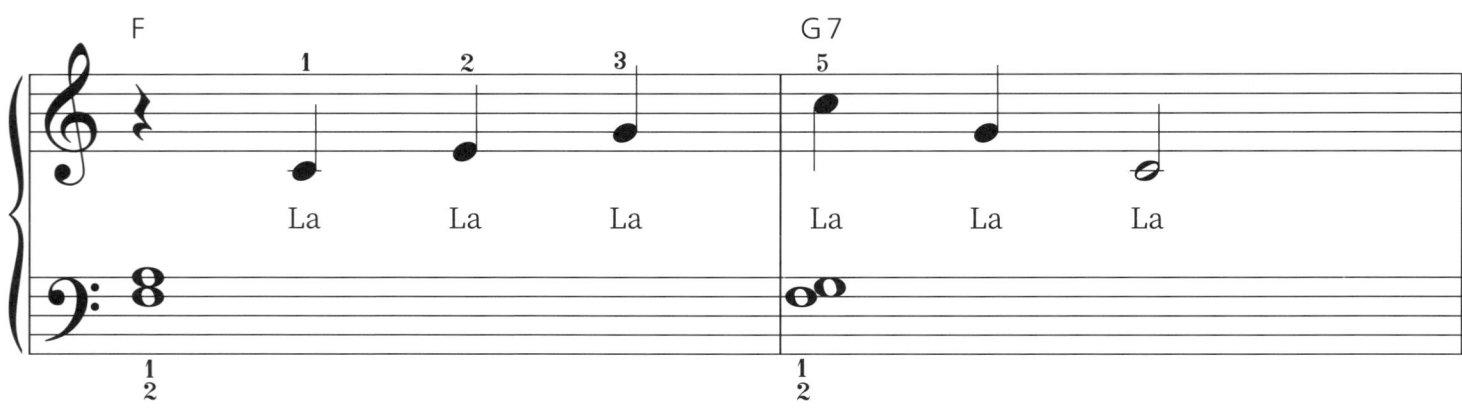

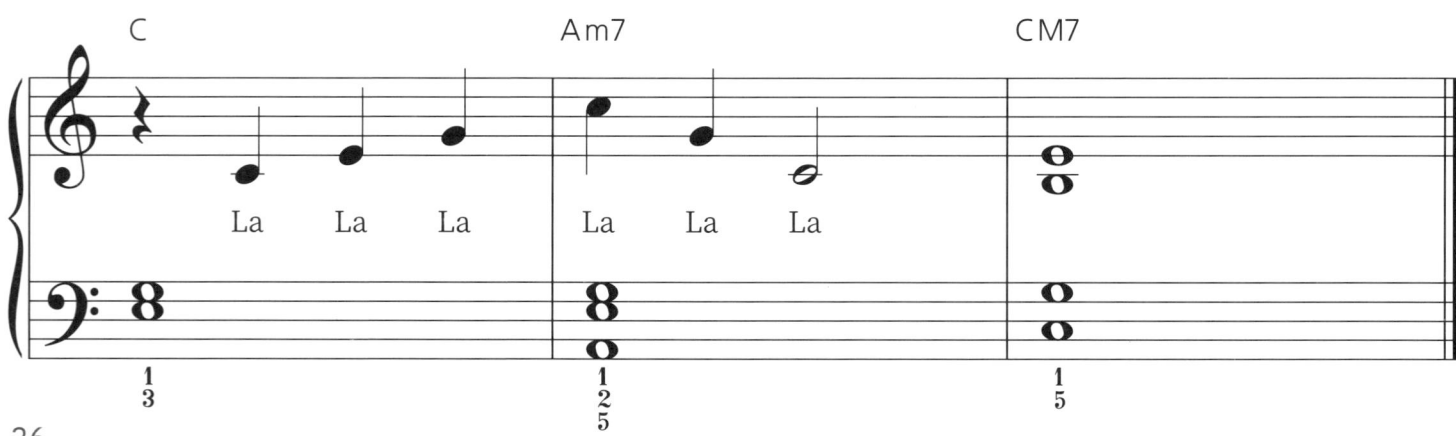

TT

샘 루이스 **작사**
블랙아이드필승 **작곡**
트와이스(TWICE) **노래**

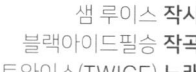

이러 지도 못 하는 데 저러 지도 못 하 네 그저 바라 보 며

ba - ba - ba - ba - by 매일 상 상만 - 해이 름 과함 - 께쓱 말 을났 - 네

ba - by - 아직우 린 모르 는사 인 데 아 무거 나 걸쳐 도아 름

다 워 거울속 단둘 이 서하는 Fa-shion Show Show - 이번

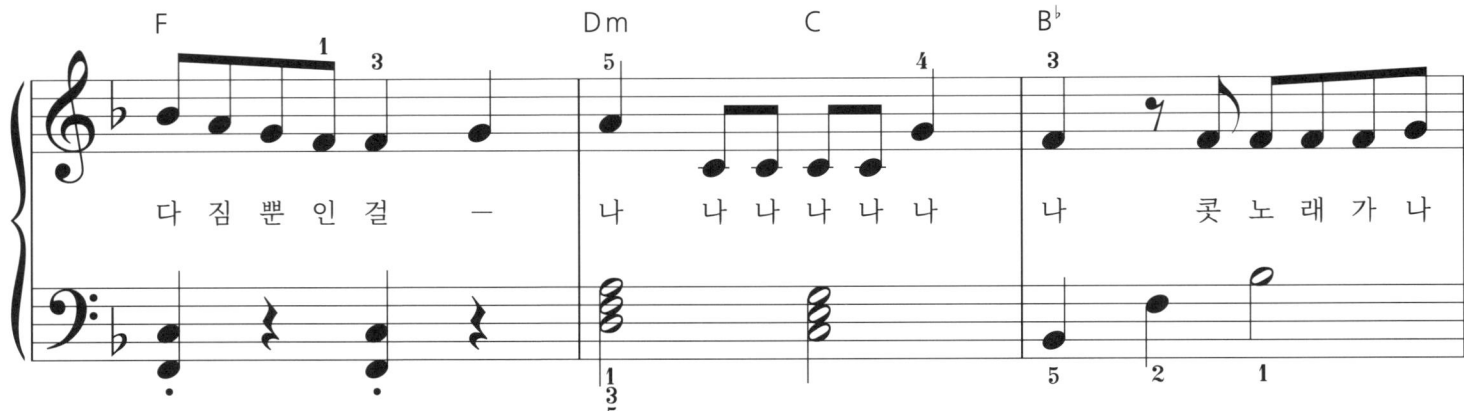

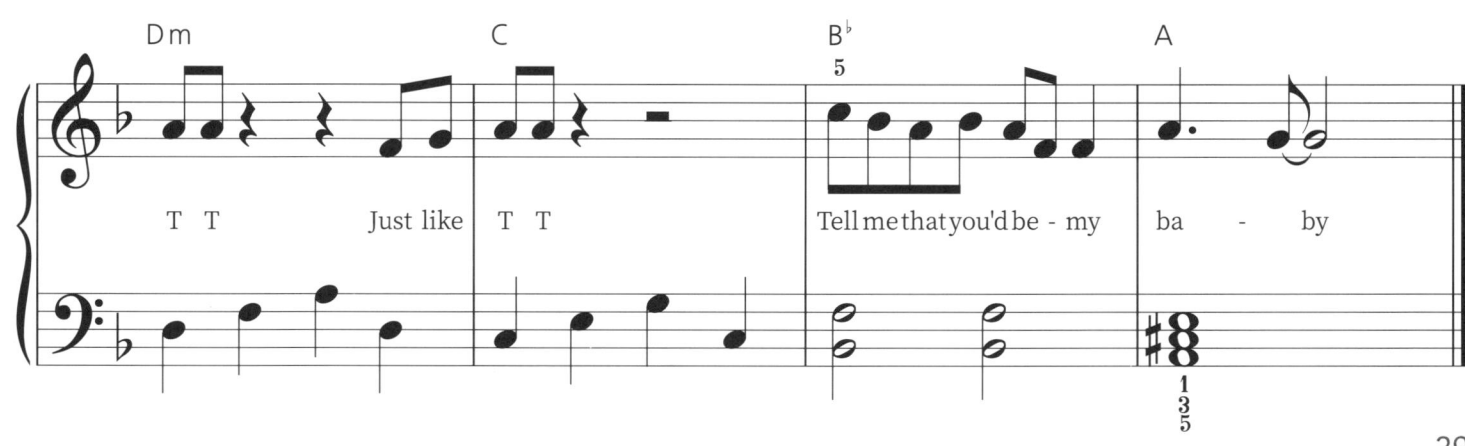

무제

Untitled

지드래곤 **작사**
지드래곤 **작곡**
지드래곤(G-DRAGON) **노래**

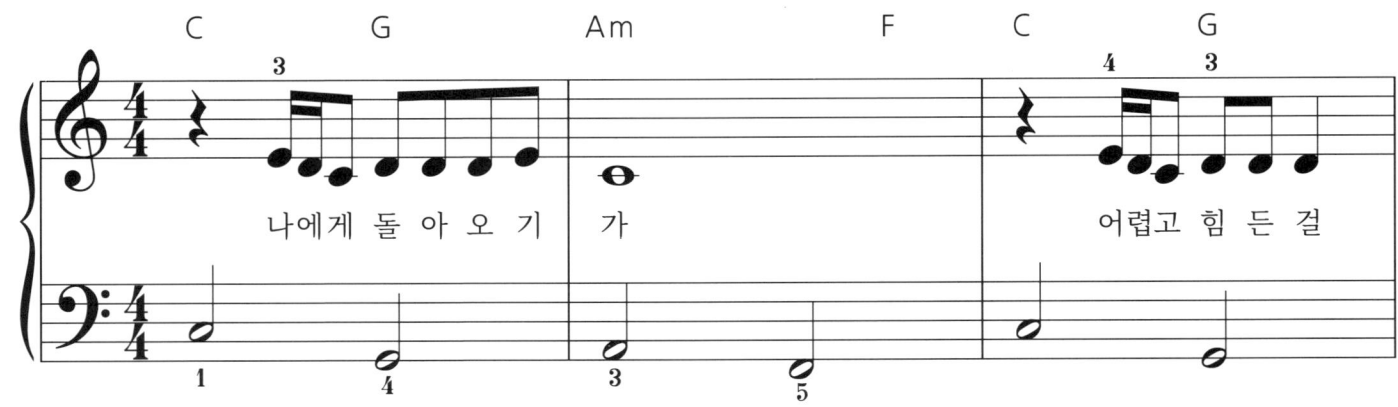

나에게 돌 아 오 기 가　어렵고 힘 든 걸

알 아 ㅡ　이제더 상 처 받 기 ㅡ 가

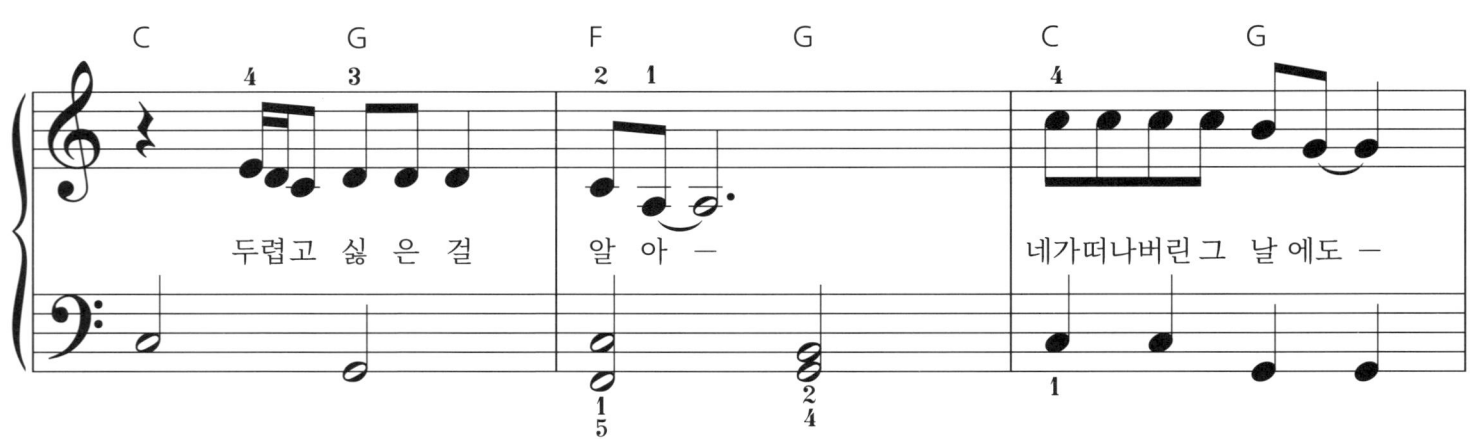

두렵고 싫 은 걸　알 아 ㅡ　네가떠나버린그 날 에도 ㅡ

모진말로 널 울 리 고　뒤돌아 서 후 회 해 미안　해　제 발 단

한 번이라 도 너 를 볼 수 있 다 면 내 모 든 걸 다잃어 도 괜 찮

아 꿈에 서 라 도 너를만 나 다 시 사 랑 하 기 를

우리 이 대 로 이젠끝이 라는 마지 막이라는 너의 그

맘을 난믿을수없 어 I can't let go cuz you ne-ver know 내겐 너

같은 너에겐나 같 은 그런 사 랑은 두번다시 없 어 Nobo-dy Knows We-al-way-s

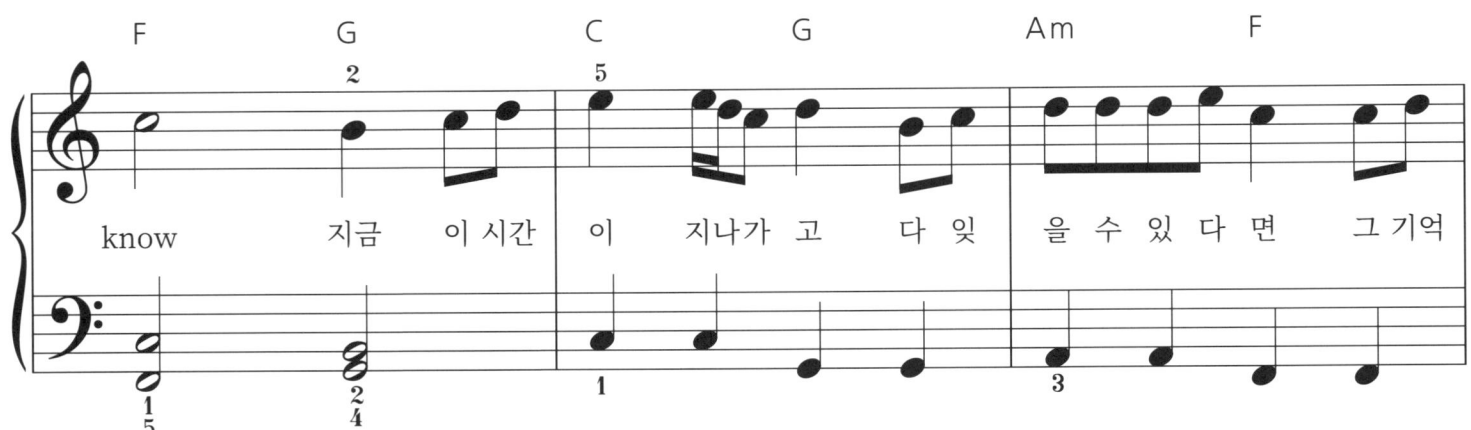

know 지금 이 시간 이 지나가 고 다 잊 을 수 있 다 면 그 기억

도 행복했 던 추 억 도 아니 다음 생 에 도 너를만 나 다 시

사 랑 하 기 를 예전 그 대 로

선물
Gift

김민석 **작사**
멜로망스 **작곡**
멜로망스(Melomance) **노래**

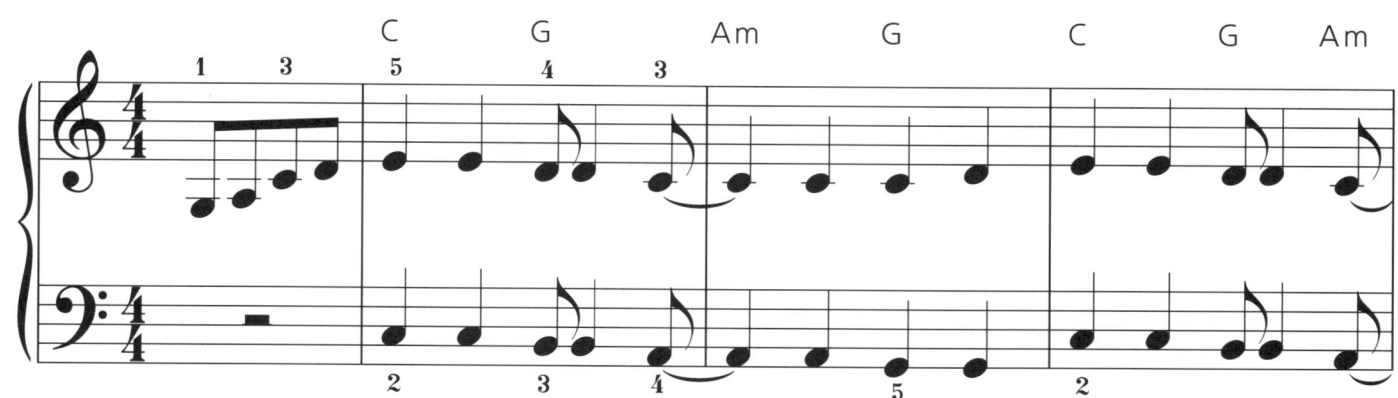

빛이 — 들어 — 오면 — 자연스 레 뜨 던 눈 — 그 렇

게 너의눈 — 빛을 — 보곤 — 사랑에 눈 을 떴 어 — 항 상

알 고 있 던 — 것 들 도 — 어 딘 가 — 새 롭 게 — 바 뀐 것

예뻐 보여 — 그렇 게신 난 아 — 이 처 럼 — 순수 한 사 람이 된 것 같 아

— 나 에 게 만 — 준 비 된 선 물 같 아 — 자 그 마 한 — 모 든 게

커 져 만 가 항상 평 범 했 던 일 — 상 도 — 특 별 — 해지는 — 이 순 간

— 깊은 — 사 랑 에 — 빠 진 순간 — —

첫 눈처럼 너에게 가겠다

I Will Go To You Like The First Snow

이미나 **작사**
로코베리 **작곡**
에일리(Ailee) **노래**

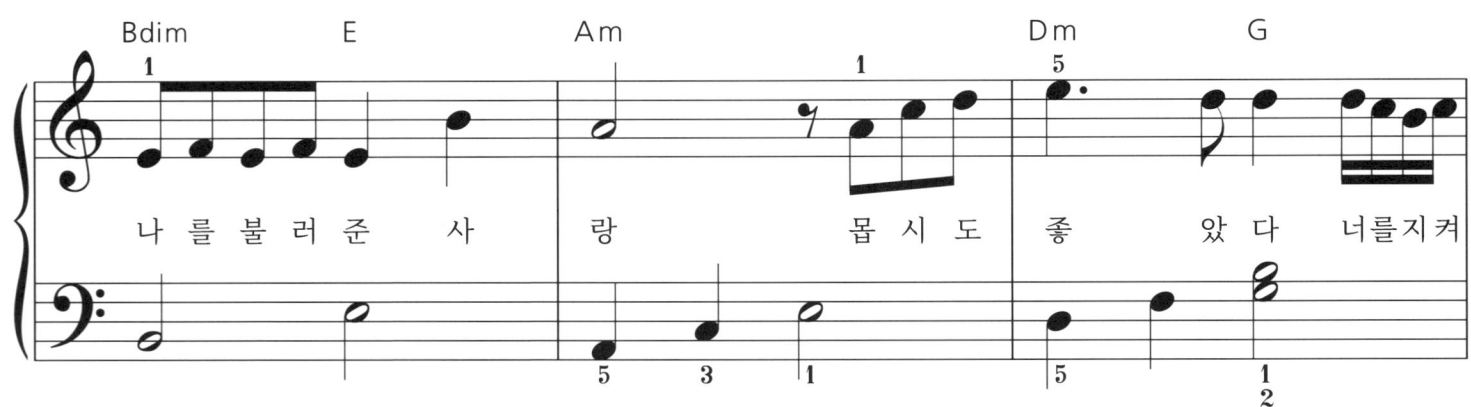

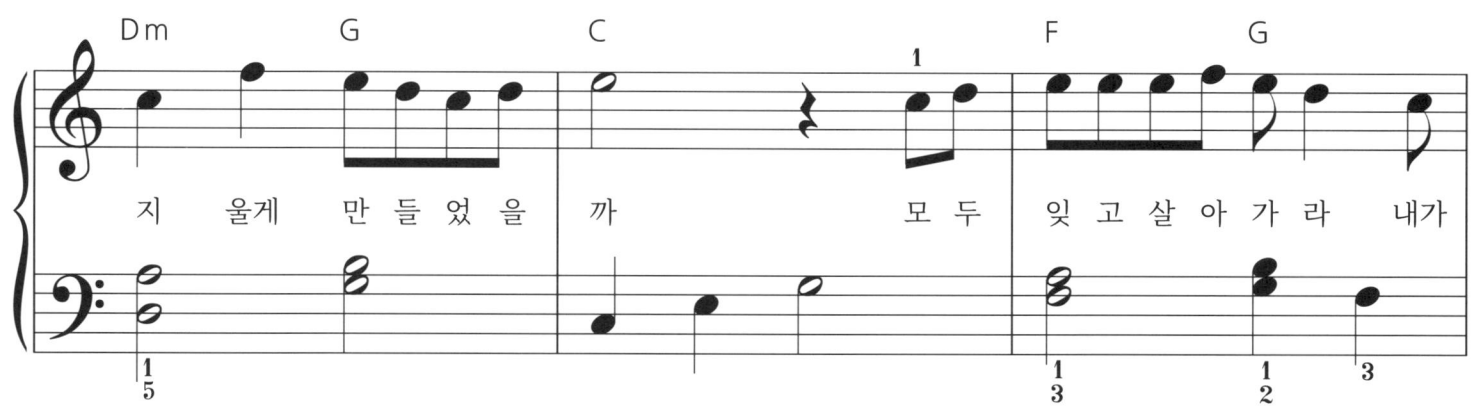

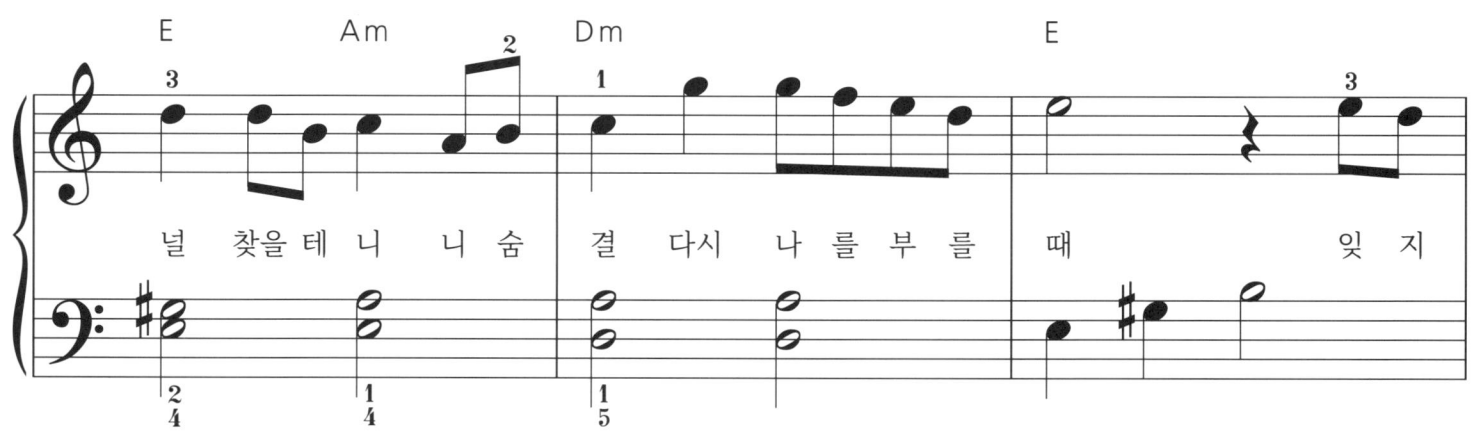

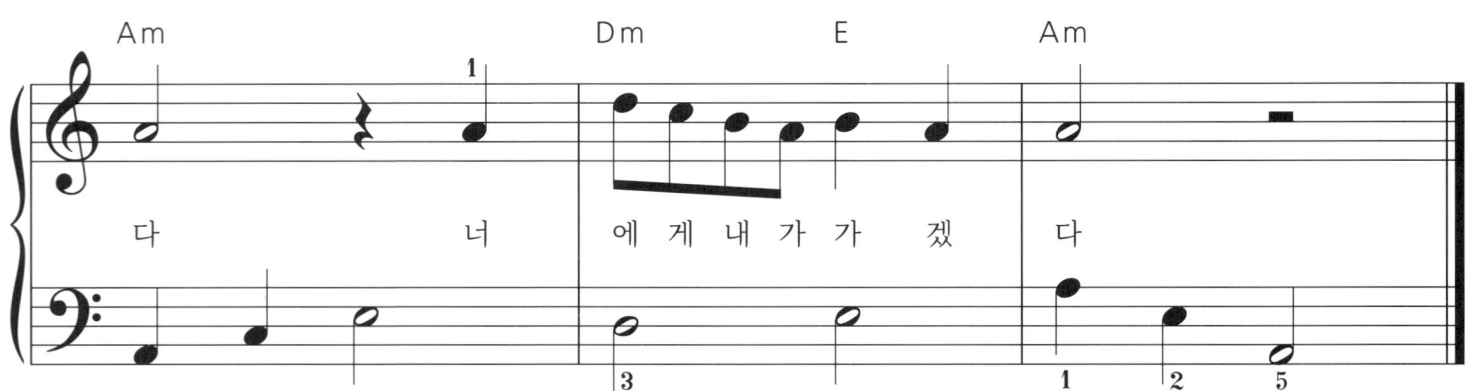

그때의 나 그때의 우리

When We Were Two

박용인 **작사**
박용인, 박주희 **작곡**
어반자카파(Urban Zakapa) **노래**

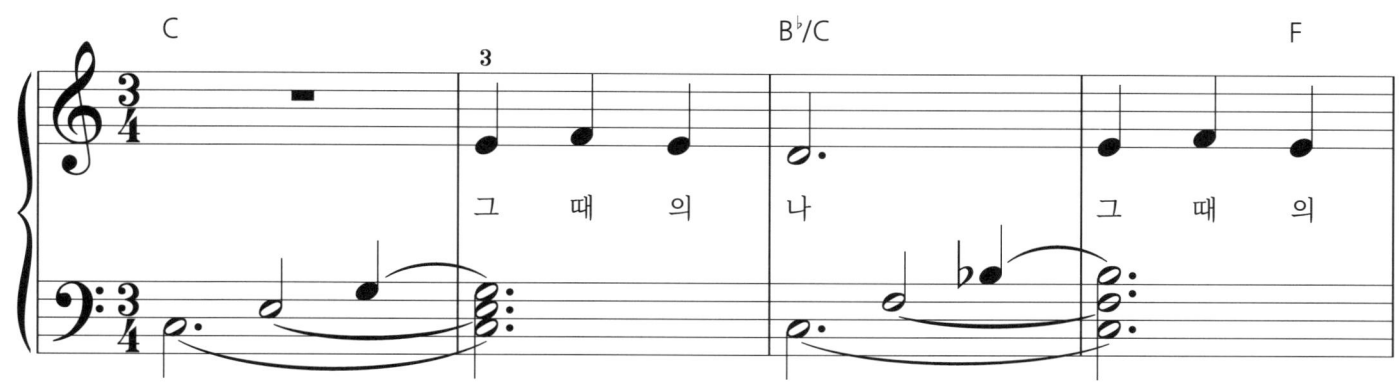

그 때의 나 그 때의 우리

우 리 — 참 어 리석 고어 렸 지

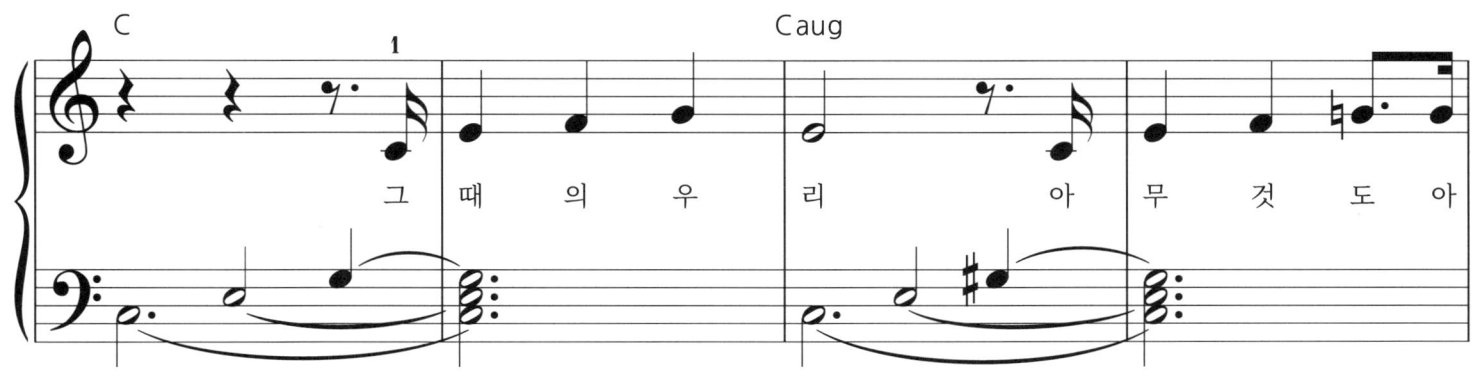

그 때의우 리 아 무 것 도 아

닌 일 에 다 투던 초 라 할무 렵의 기 억

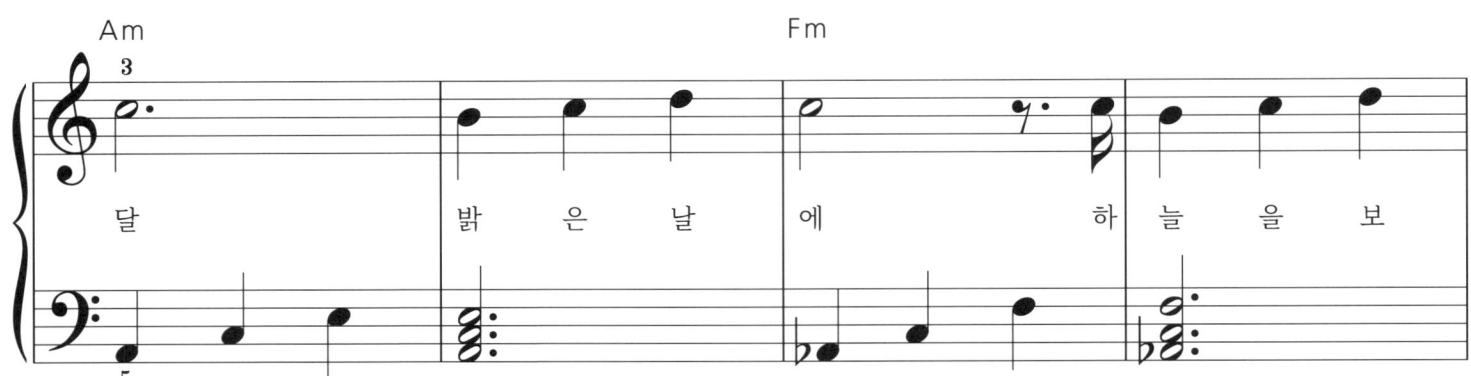

달 밝은 날 에 하 늘 을 보

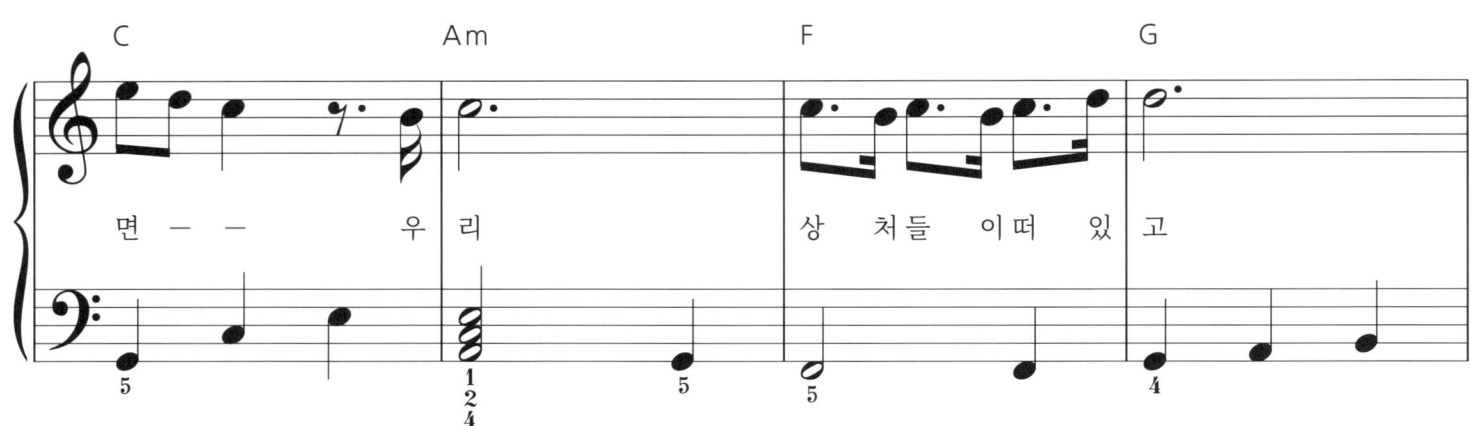

면 — — 우 리 상 처 들 이 떠 있 고

밤 또 늦 은 밤 에 — — 거 릴 거 닐

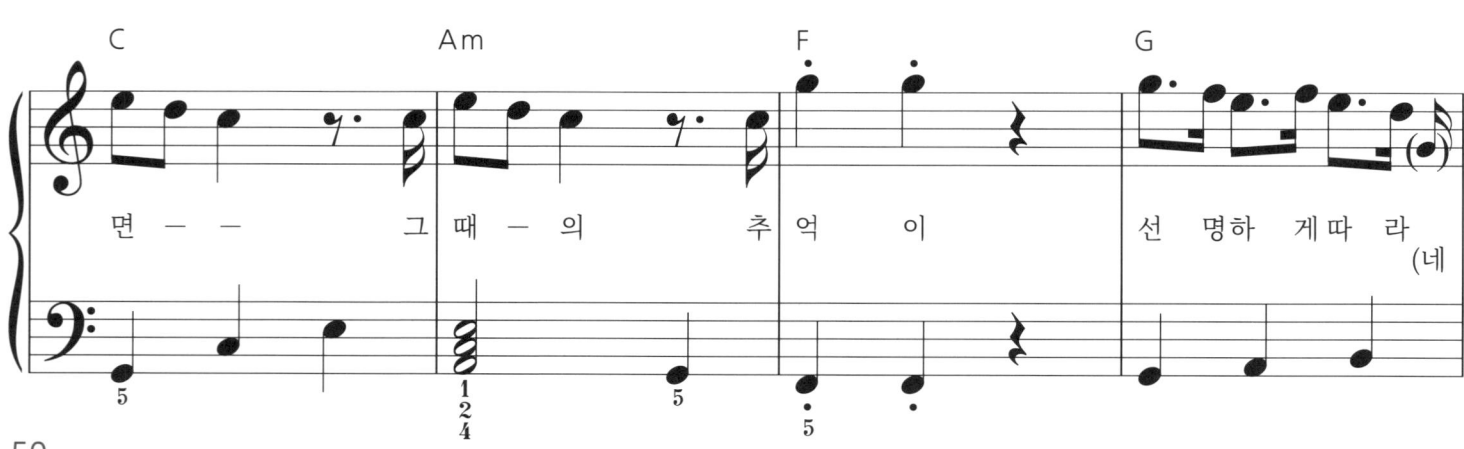

면 — — 그 때 — 의 추 억 이 선 명 하 게 따 라
(네

밤편지
Through The Night

아이유 **작사**
김제휘, 김희원 **작곡**
아이유(IU) **노래**

이 밤 그 날 의 반딧불을 — 당신의

— 창 가 까 이 보낼게요

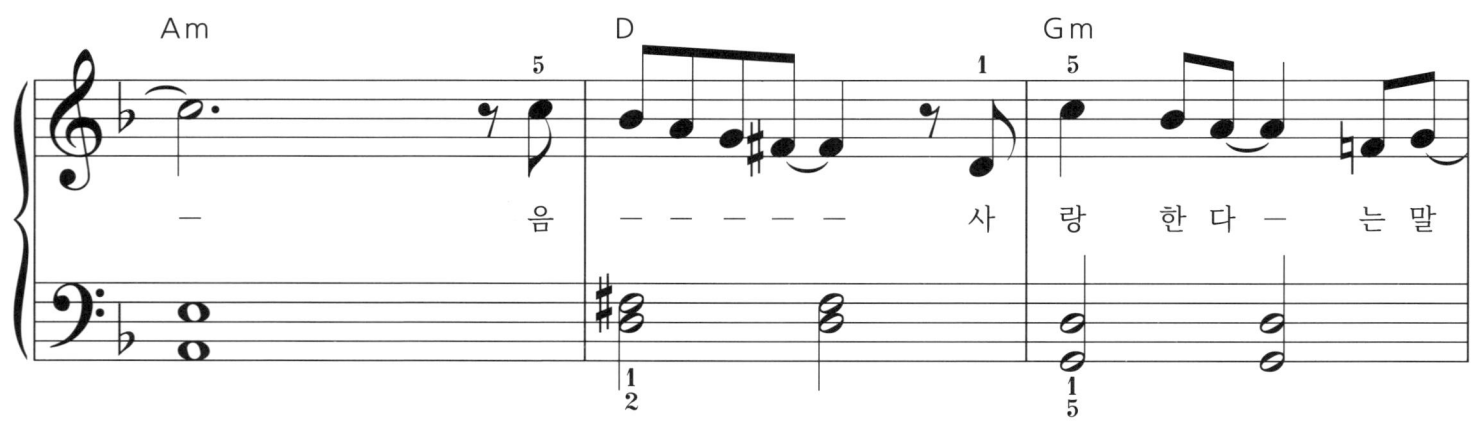

— 음 — — — — — 사 랑 한 다 — 는 말

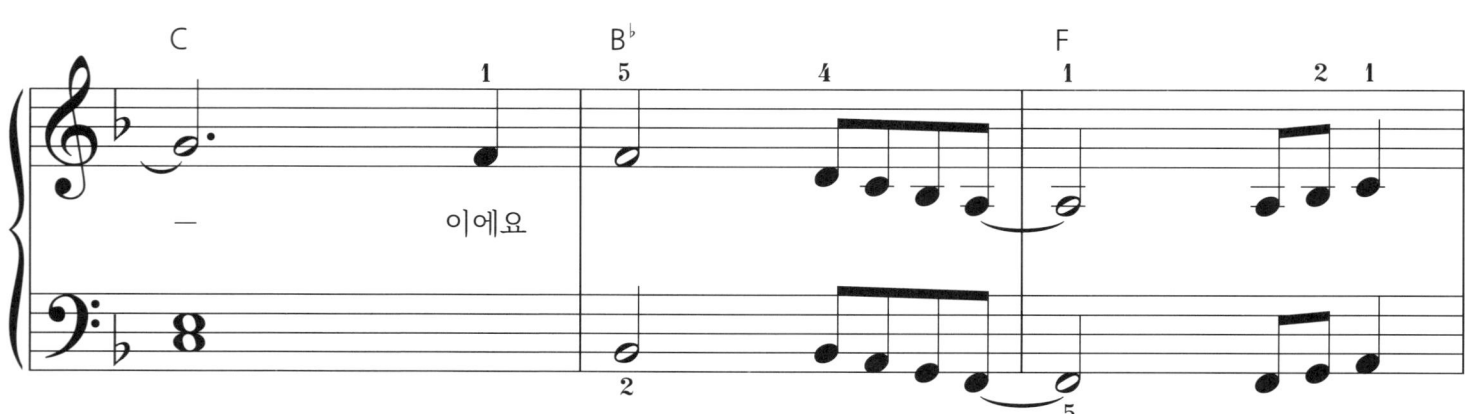

— 이에요

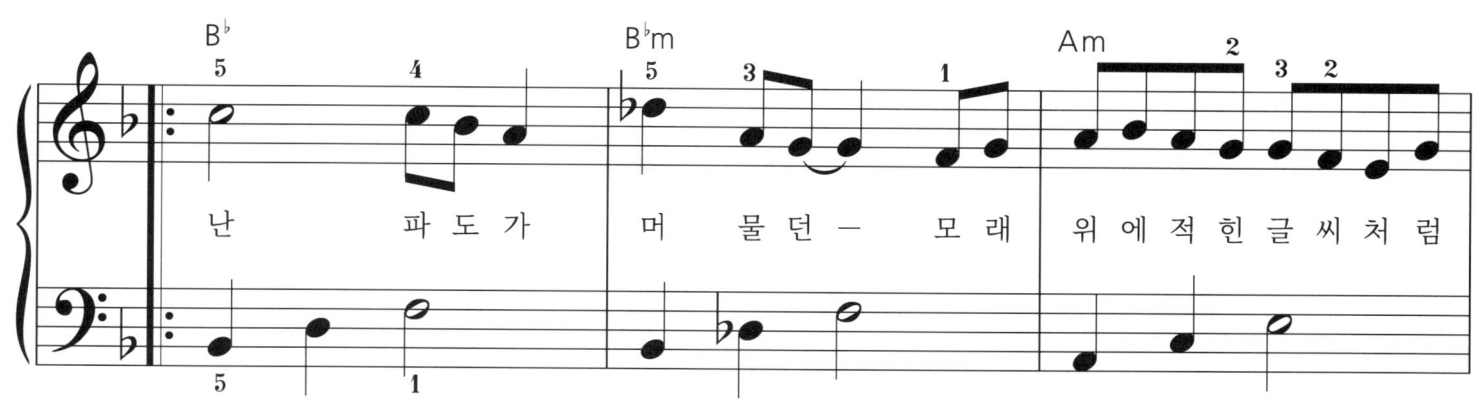

난 　　파 도 가 　머 물 던 — 모 래 　위 에 적 힌 글 씨 처 럼

— 　그 대 가 　멀 리 사 라 져 　버 릴 것 — 같

아늘 그리워 　그 리 워 여 기 내 마 음 속 　에 　　모 든 말

을 　　다 꺼 내 어 　줄 　순 없 지 　만 　　　　사

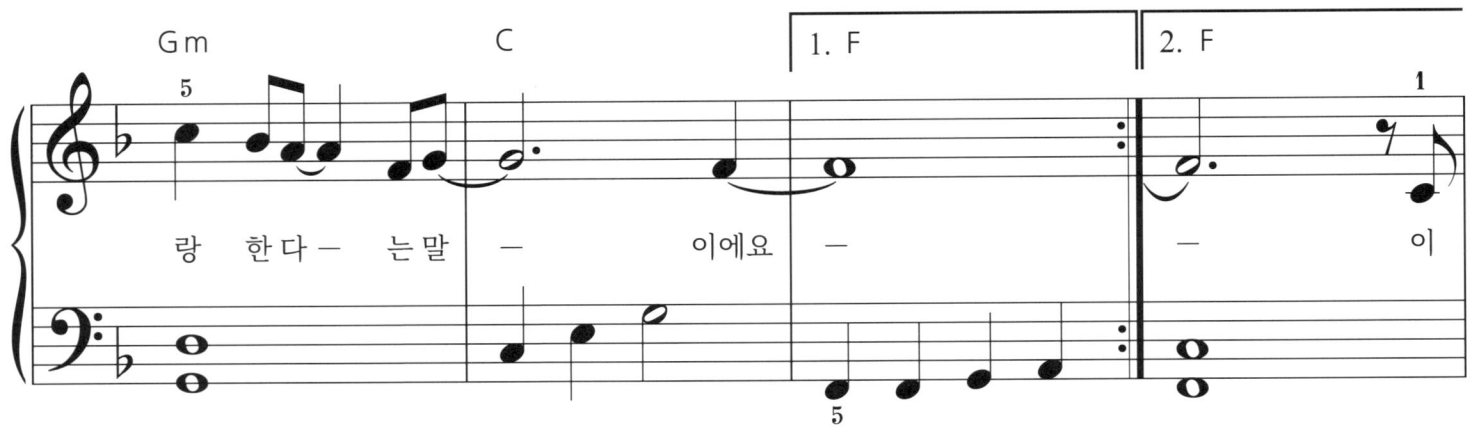

랑 한다 — 는말 — 이에요 — — 이

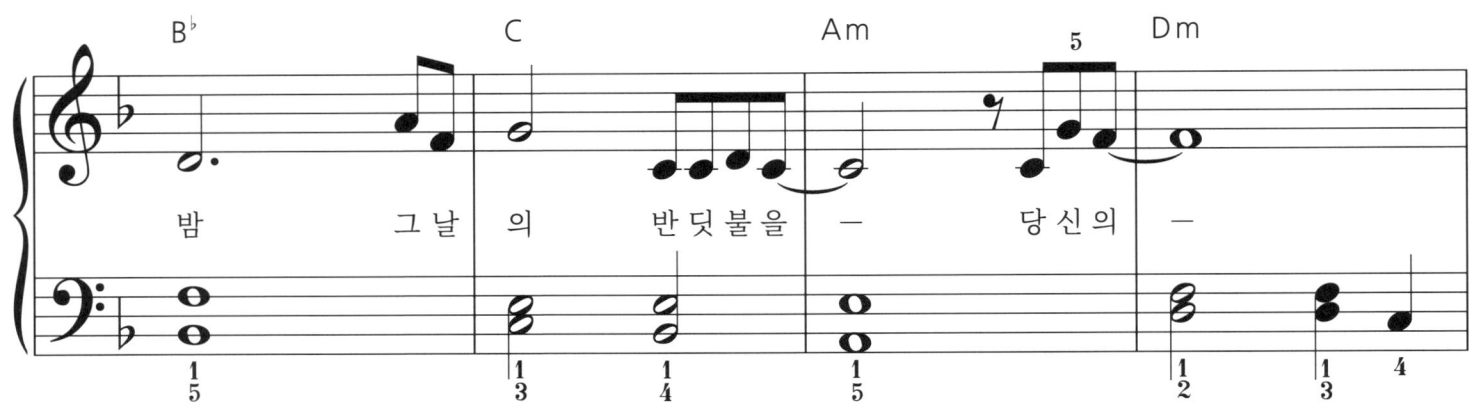

밤 그날 의 반딧불을 — 당신의 —

창 가까 이 띄울게요 — 음 — — — — — 좋

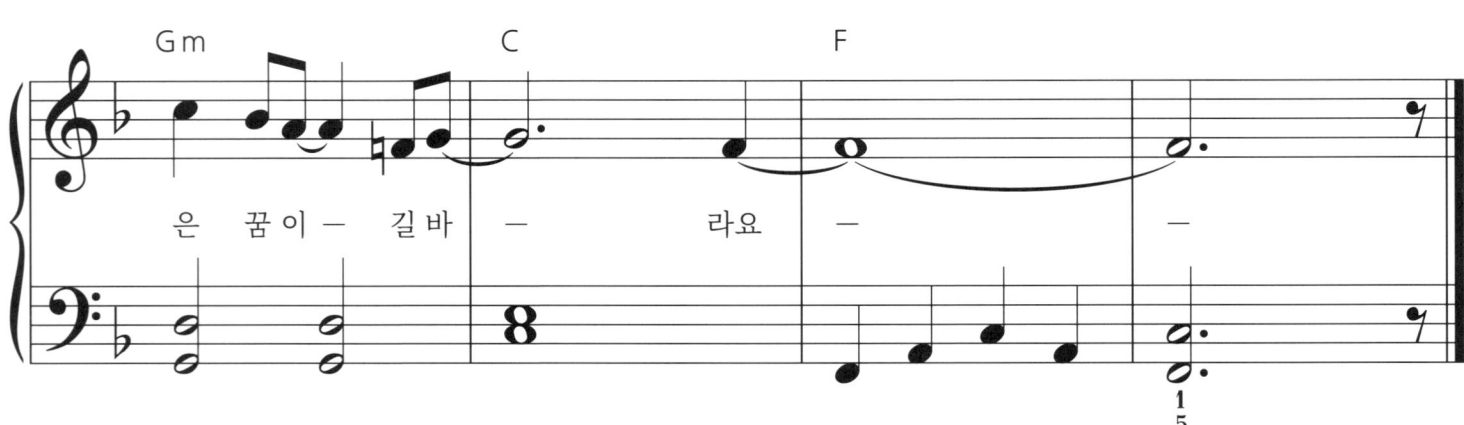

은 꿈이 — 길바 — 라요 — —

숨
Breath

김이나, 박효신 **작사**
박효신, 정재일 **작곡**
박효신(Park Hyo Shin) **노래**

오 늘하 — 루 쉴 숨 이 — 오 늘하 — 루 쉴 곳 이 —

오 늘만 — 큼 이 렇게 — 또 한번 — 살아가 — — 음 —

침 대밑 — 에 놓 아둔 — 지 난밤 — 에 꾼 꿈 이 —

지 친맘 — 을 덮 으며 — 눈을 감 는 다 괜찮아 — 남 들과 는

조 금은 —다른 — 모 양 속 에 나 홀 로 잠들 어

— 다 시 오 는 아 침 에 눈 을 뜨 면 — 웃 고 프 다

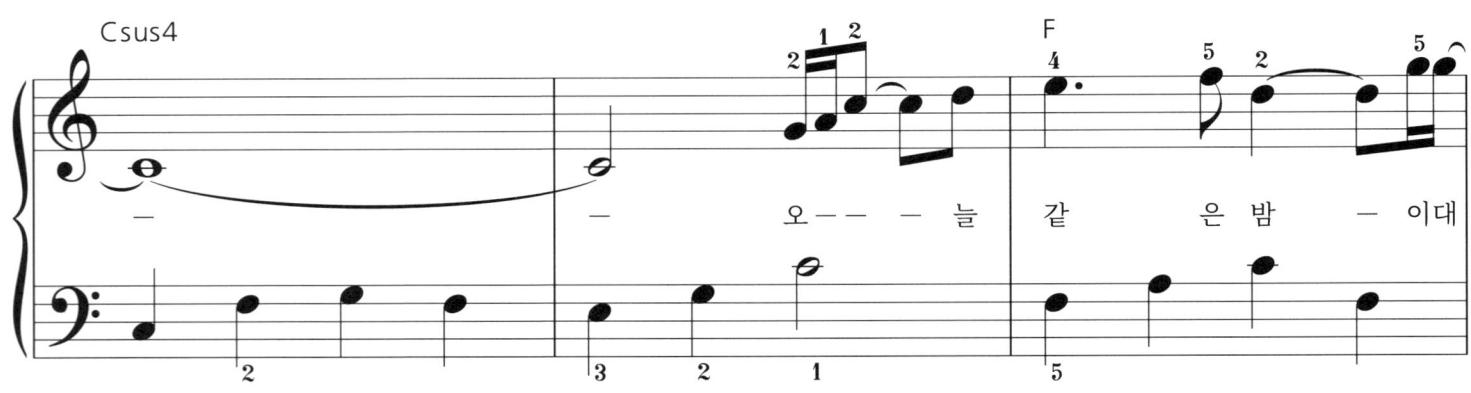

— 오 — — — 늘 같 은 밤 — 이 대

— 로 머 물 러 도 될 꿈 이 라 면 — 바 랄 — 수 없 는 걸 바 라 도 된

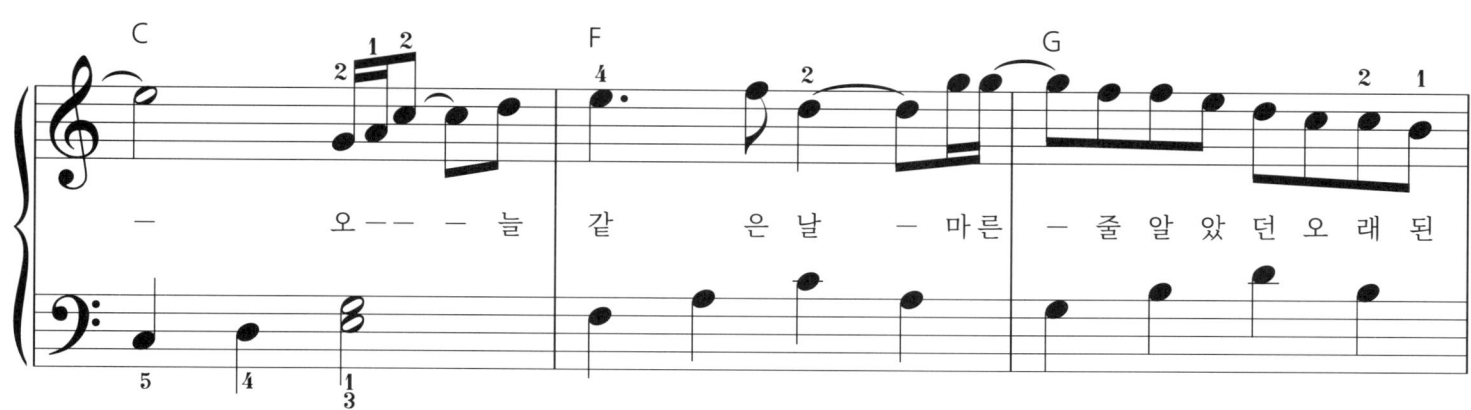

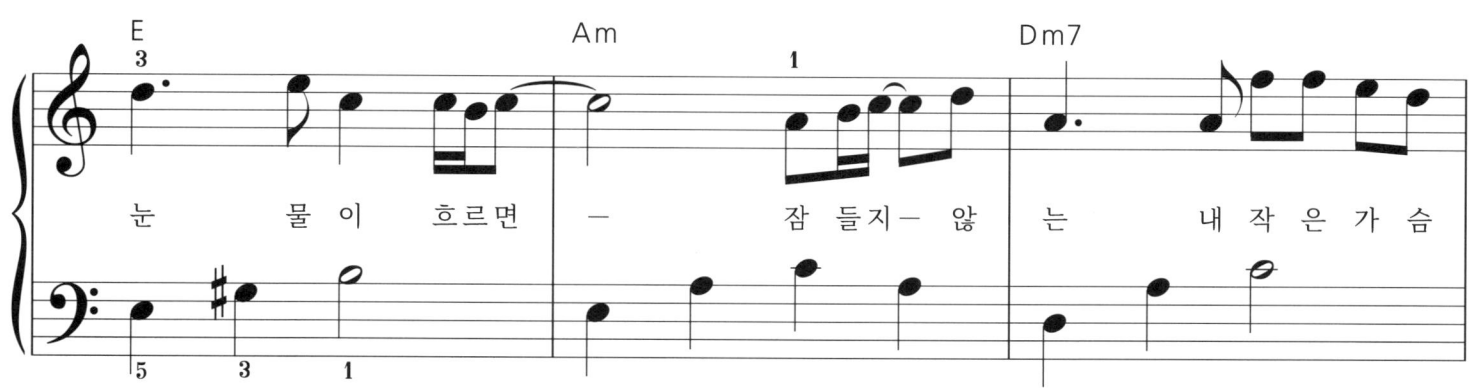

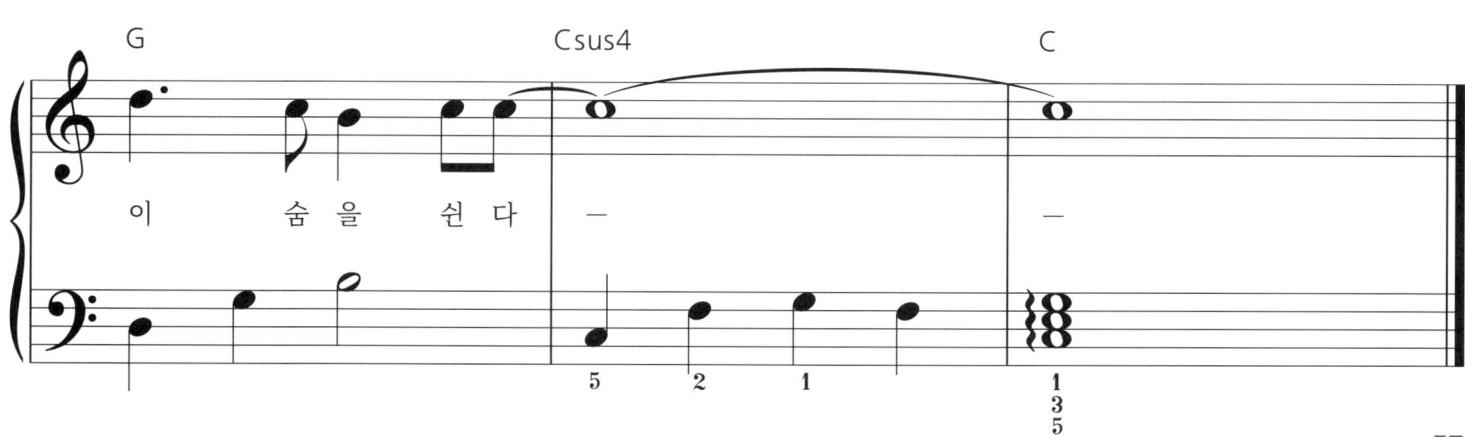

나야 나

Pick Me

Ryan S. Jhun 외 **작사**
Ryan S. Jhun 외 **작곡**
프로듀스 101(Produce 101) **노래**

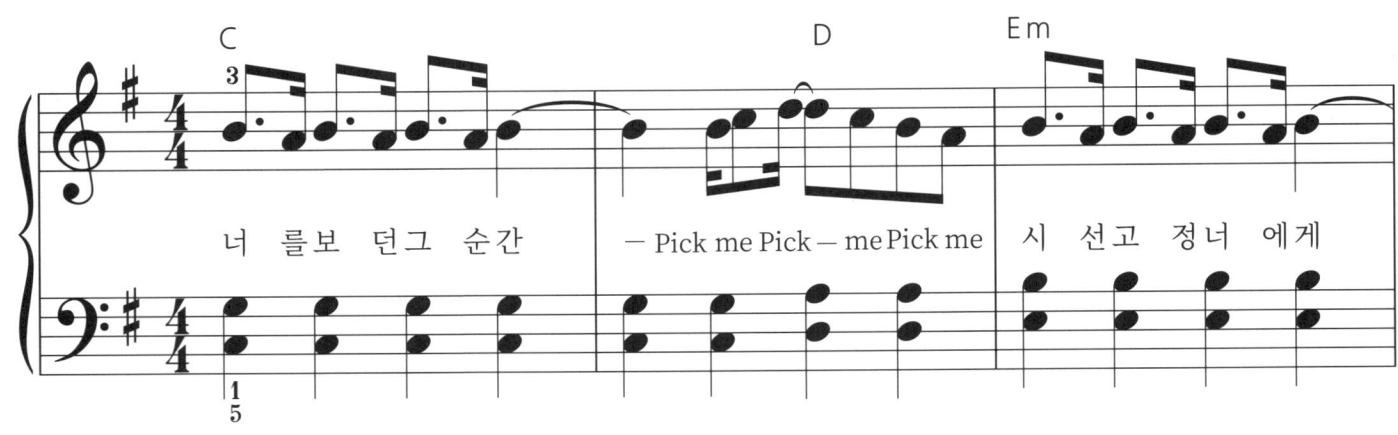

너를보던그 순간 — Pick me Pick — me Pick me 시 선고 정너 에게

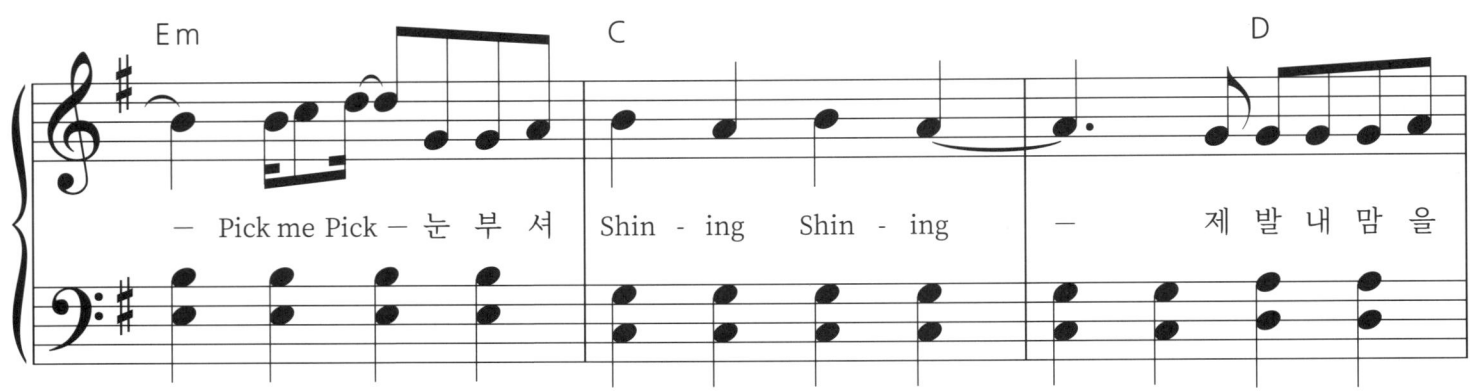

— Pick me Pick — 눈 부 셔 Shin – ing Shin – ing — 제 발내맘을

Pick me Pick me 너 와있 는이 시간

— Pick me Pick — me Pick me 너 무빨 라불 안해 — Pick me Pick — 멈 춰 줘

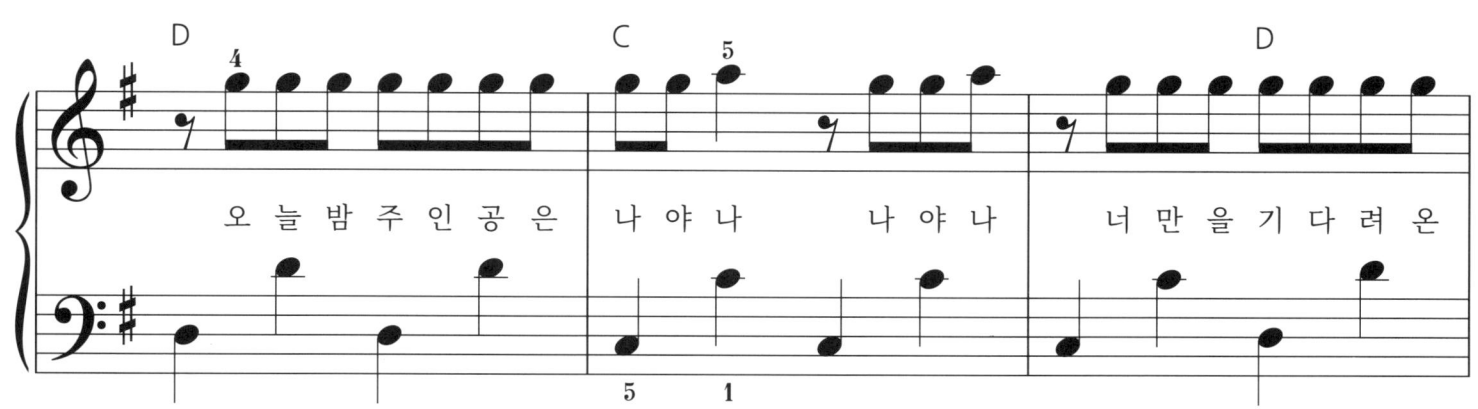

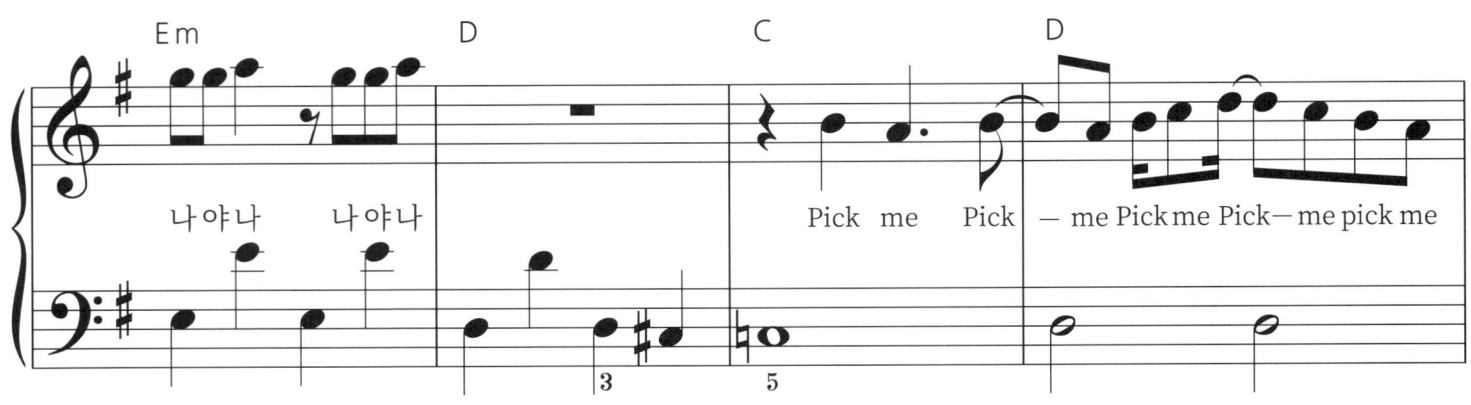

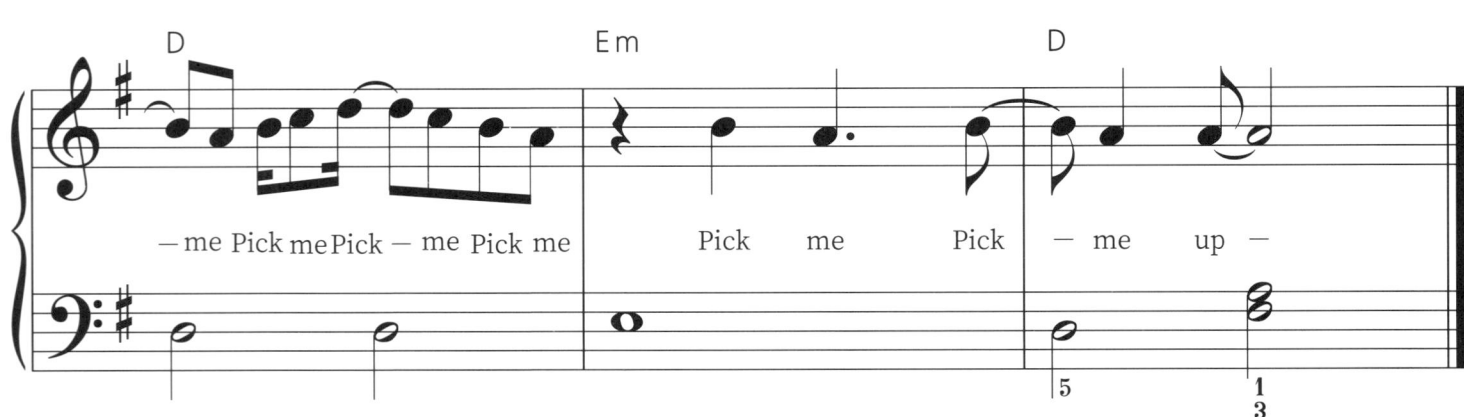

좋니
Like It

윤종신 작사
Postino 작곡
윤종신(Yoon Jong Shin) 노래

이 제 괜 찮 니— 너 무 힘 들 었 잖 아 우 리 그 마 무 리

— 가 — 고 작 이 별 뿐 인 건 데 우

리 참 어 려 웠 — 어 — 잘 지 낸 다 고— 전 해

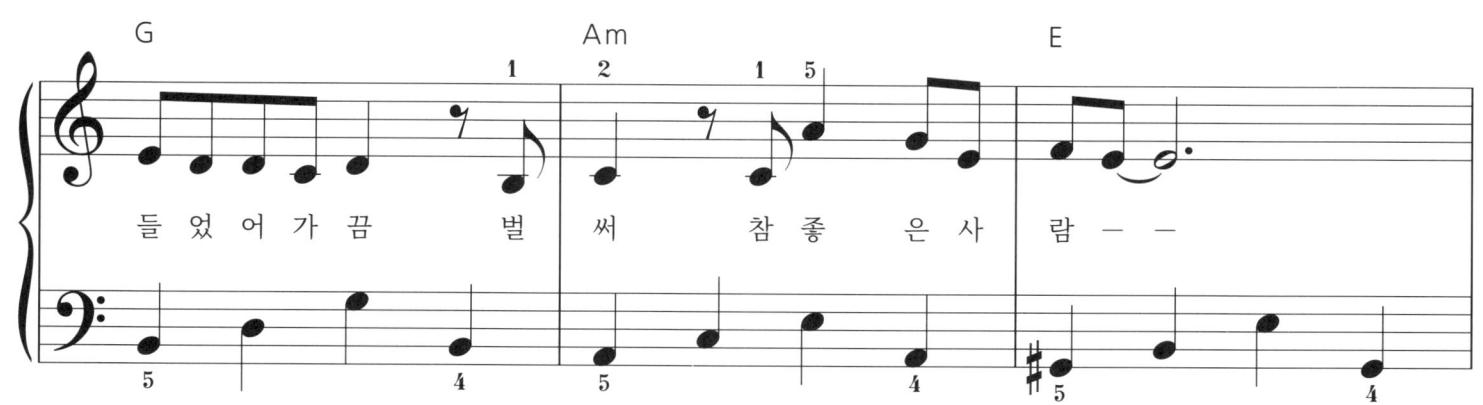

들 었 어 가 끔 벌 써 참 좋 은 사 람 — —

어 — — 헤어 나 오지 — 못
해 — — 니 소식 들린 날
은 더 좋 으 니 그 — 사

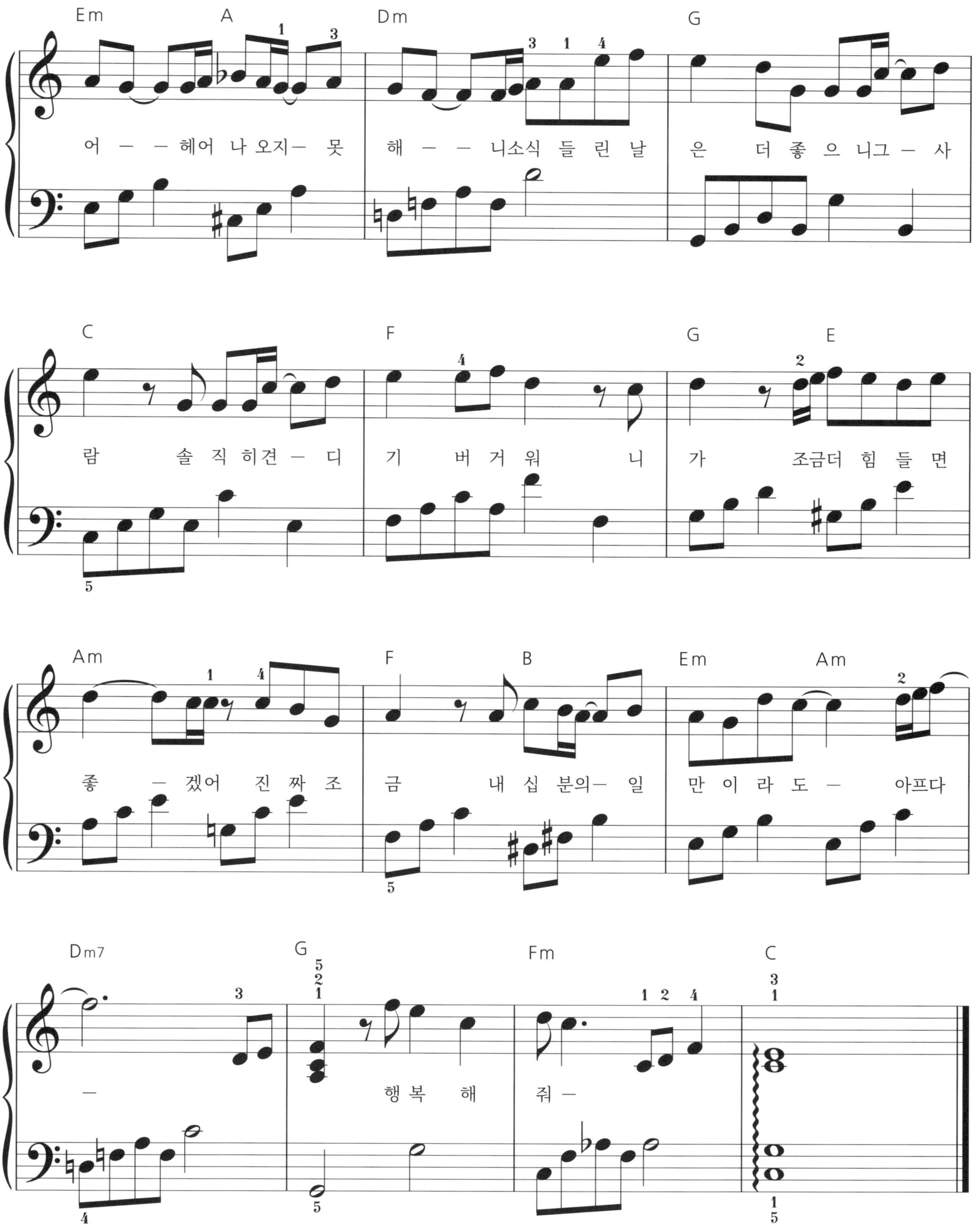

람 솔 직 히 견 — 디
기 버 거 워 니
가 조금 더 힘 들 면

좋 — 겠 어 진 짜 조
금 내 십 분 의 — 일
만 이 라 도 — 아 프 다

행 복 해 줘 —

썸 탈 거야

Some

안지영 **작사**
안지영, 바닐라맨 **작곡**
볼빨간사춘기(Bolbbalgan4) **노래**

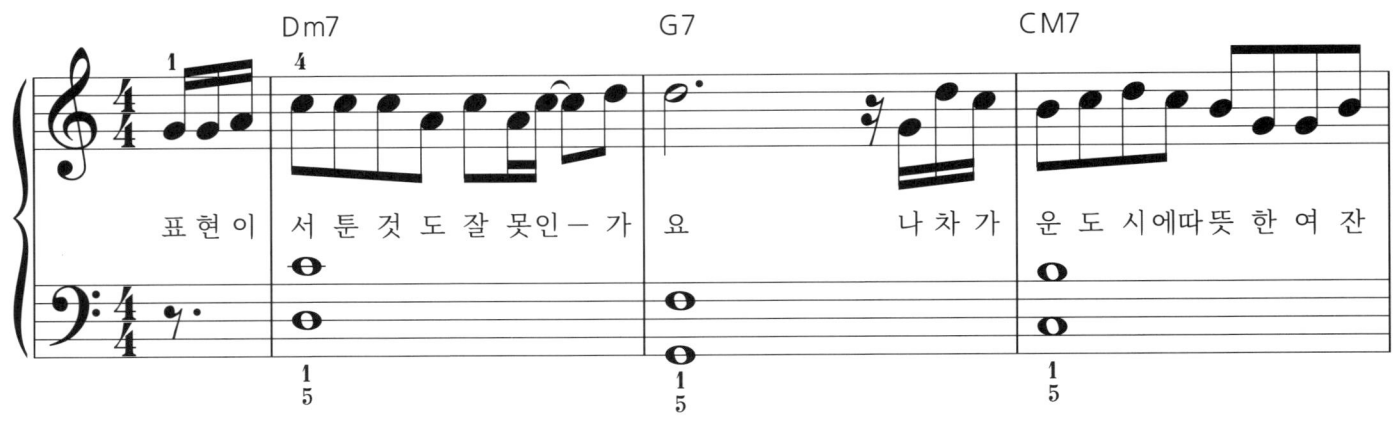

표현이 서툰것도 잘 못인—가 요   나차가 운도 시에따뜻한 여 잔

데   그냥 좋아 한단말도 안되는— 가 요   솔직

하게난— — 말 하고싶어요   사라 져 아니사라지지 마   내맘을보여

줘 아니보여주지 마   하루종일머 릿 속에네 미소만 우리그냥한번   만 나 볼 래 요

나 오늘부터 너 랑 썸을 한 번 타 볼 거야 나 매 일

매 일 네게 전화도 할 거야 — 밀가루 못 먹 는 나를 달 래

서 라 도 너랑 맛 있 는 걸 먹으러 다 닐 거야 — — 넘 넘 스윗 한

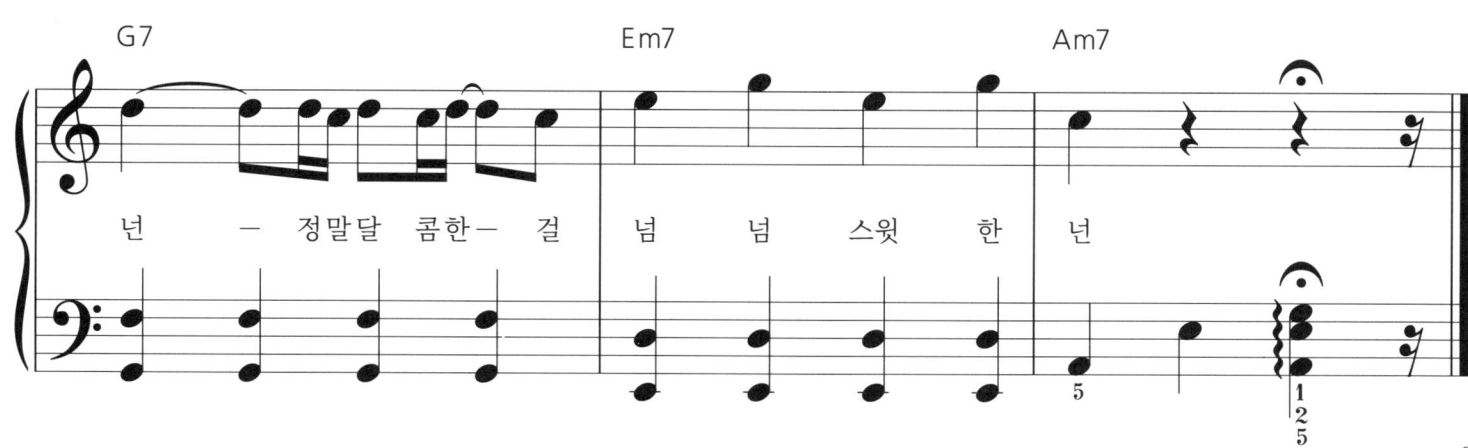

넌 — 정말 달 콤한 — 걸 넘 넘 스윗 한 넌

매일 듣는 노래
A Daily Song

한길 작사
한길, 이한우 작곡
황치열(Hwang Chi Yeul) 노래

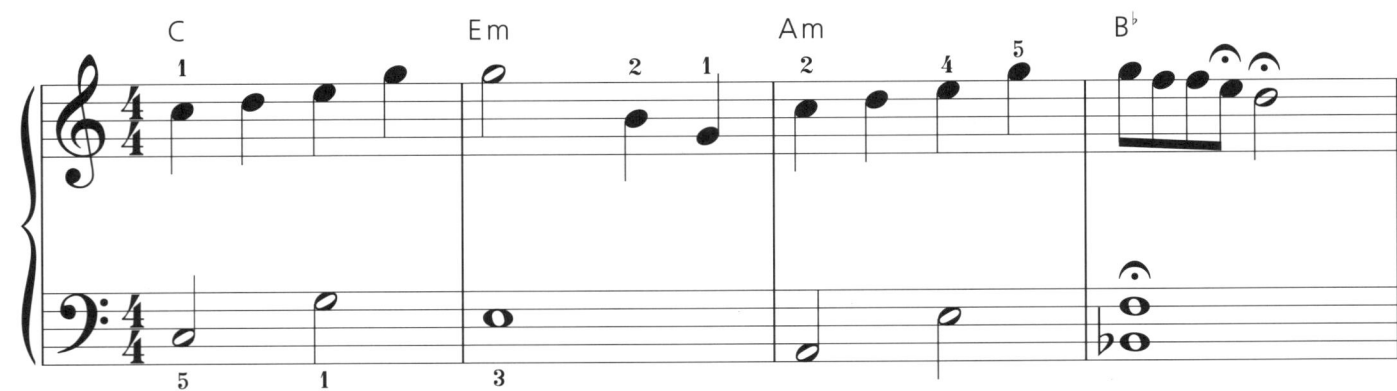

힘든 하루끝에 — 집 앞에거리를 서성 — 이다 —

돌아나는 — 이 공허함에 — 그 노 래를 — um —

나도 모르게또 — 이 렇게흥얼 거 리고 — 있어 —

아 마 너 를 — 애 타 게 너 를 — 부 르 듯 이 — —

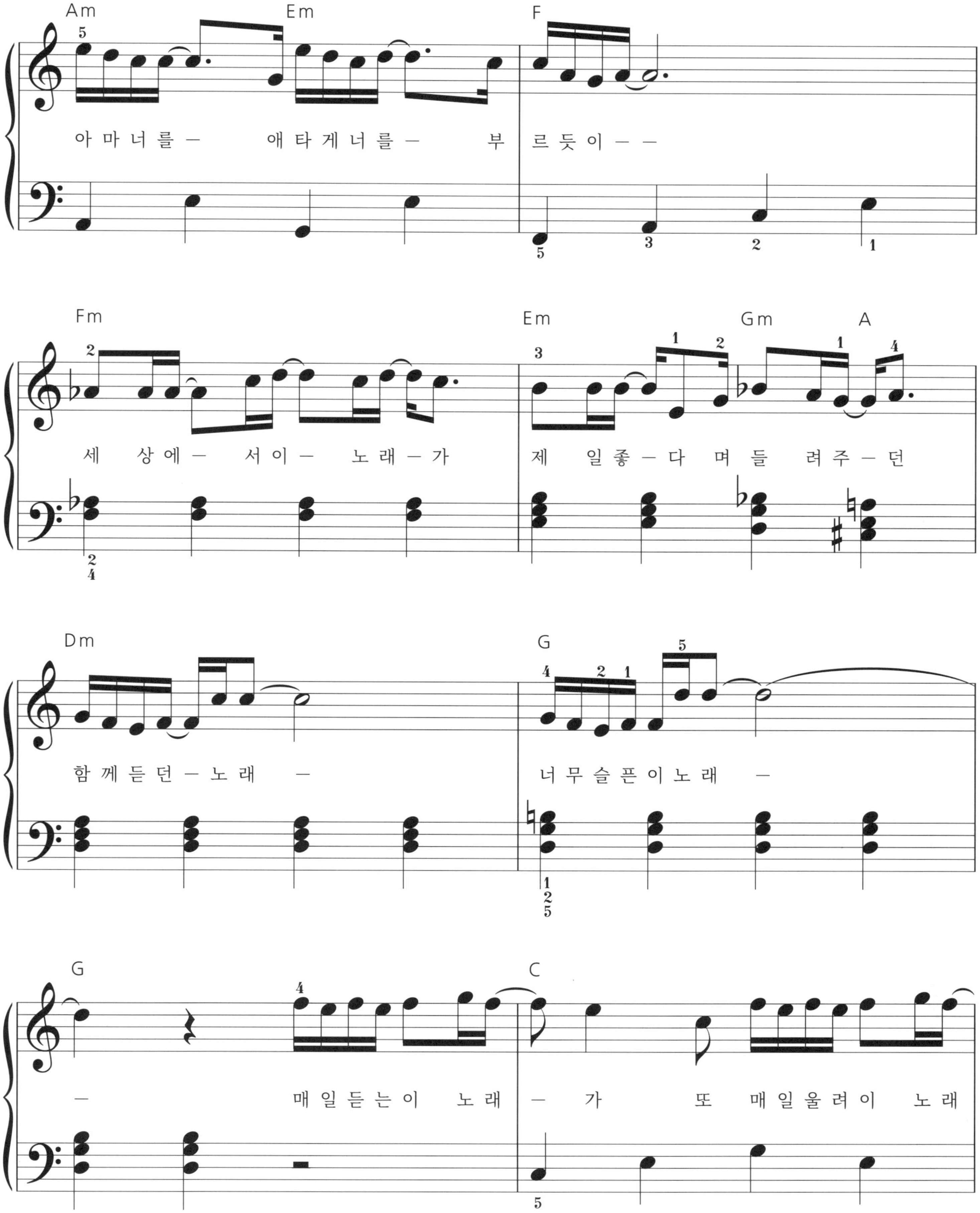

세 상 에 — 서 이 — 노 래 — 가 제 일 좋 — 다 며 들 려 주 — 던

함 께 듣 던 — 노 래 — 너 무 슬 픈 이 노 래 —

— 매 일 듣 는 이 노 래 — 가 또 매 일 울 려 이 노 래

가 널 떠올리게만 들 어 다 우 리 얘 — 기

만 — 같아서 — 아 무 리 귀 — 를 막 아 봐 — 도

자 꾸 맴 — 돌 아 듣고 싶 지 않 — 아 몸 — 부 림 — 쳐 도

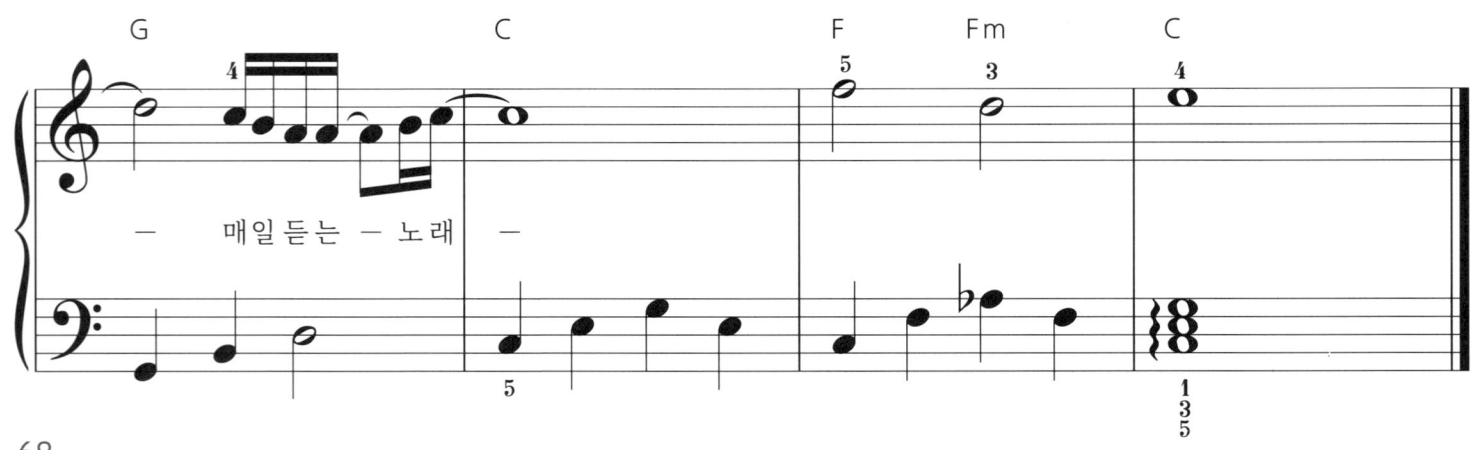

— 매일 듣는 — 노래 —

에너제틱

Energetic

후이, 우석 **작사**
후이, Flow Blow **작곡**
워너원(Wanna One) **노래**

너와 나 ― 의 입술이점 ― 점   느 껴지 는

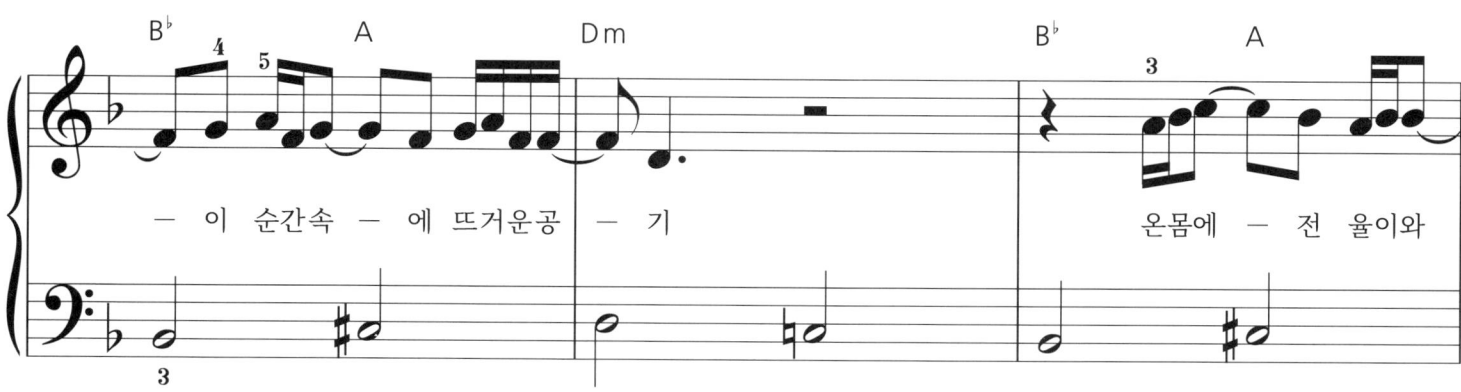

― 이 순간속 ― 에 뜨거운공 ― 기   온몸에 ― 전 율이와

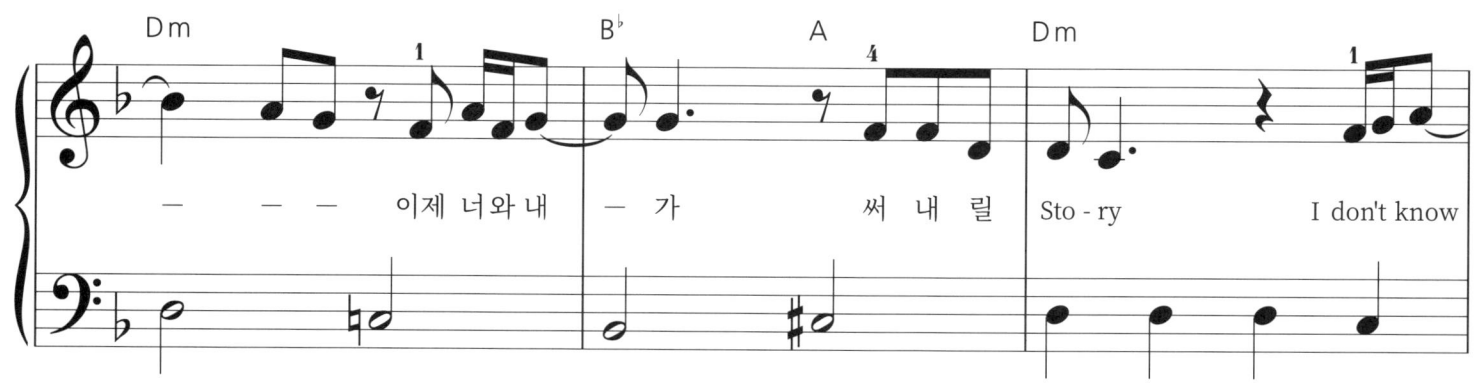

― ― ― 이제 너와 내 ― 가   써 내릴   Sto - ry   I don't know

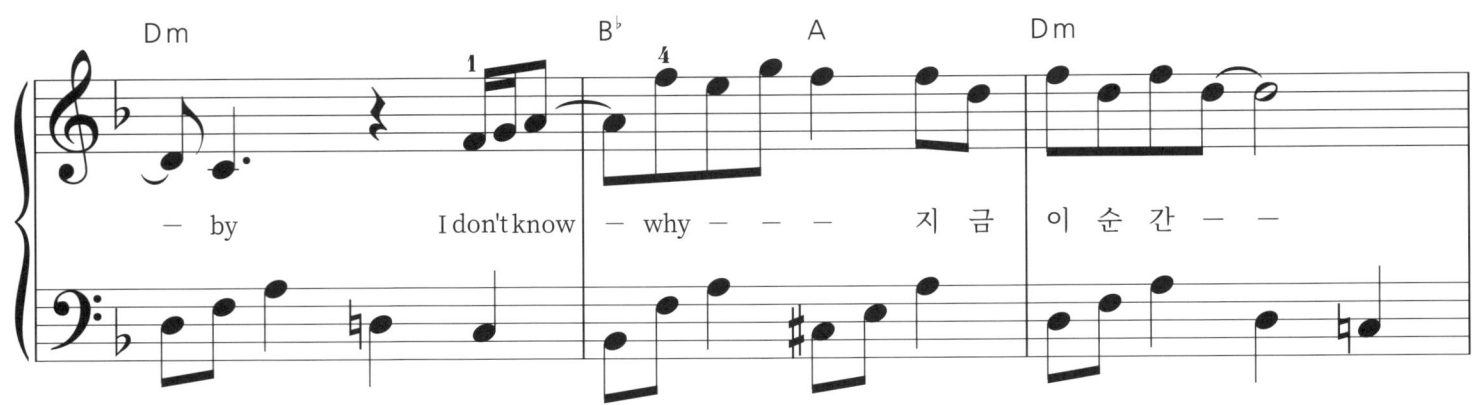

Lyrics under the staves:

You make me feel so high I'm so cra-zy 너가 나를 본 순

간 막 끌려 더 ─ 날 당겨 줘 Ba - by

I'm feel-in' so e - ner-ge-tic ─ 오 늘 밤 둘 이 Out of cont-

rol yeah ─ ─ I'm feel-in' so e - ner-ge-tic ─

피 땀 눈물

Blood, Sweat & Tears

랩 몬스터 외 **작사**
랩 몬스터 외 **작곡**
방탄소년단(BTS) **노래**

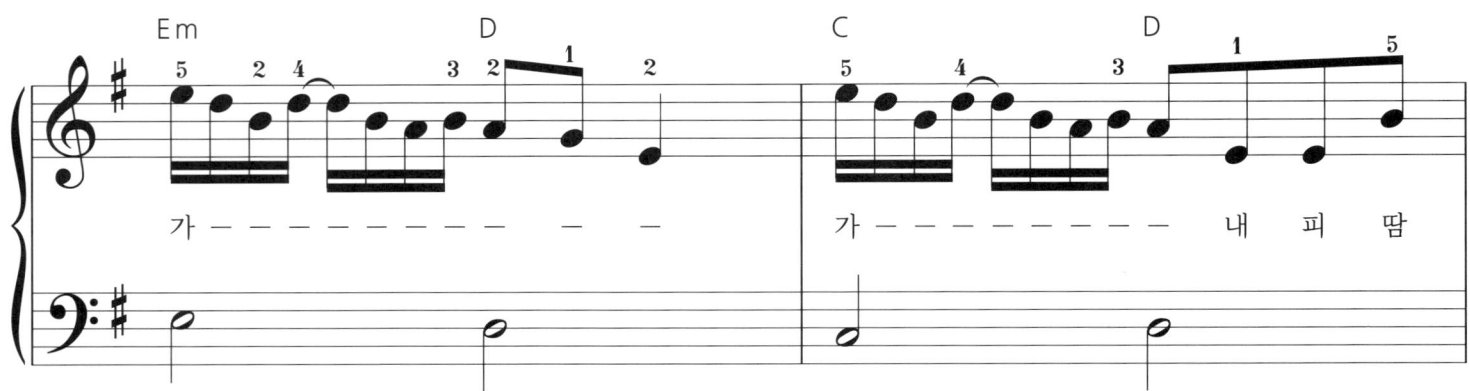

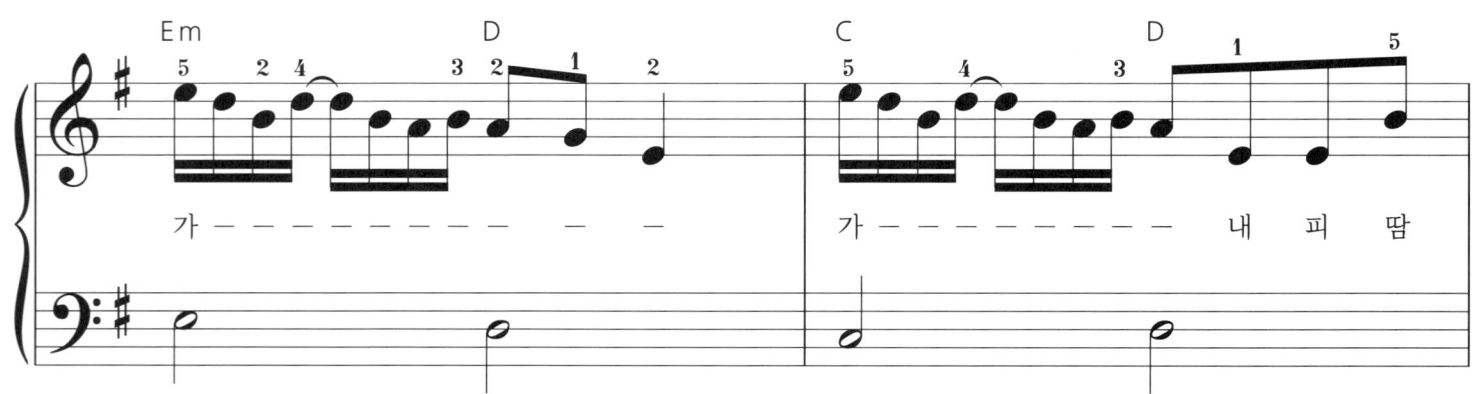

Em | D | C | D | Em | D

눈 물 — | 내 | 피 땀 눈 물 도 — 내

C | D | Em | D | C | D

몸 마음 영 혼 도 — 너의 | 것 인 걸 잘 알 고 있어 | 이건 나 를 벌 받 게 할 주문 Peaches and

Em | D | C | D

cream Sweeter than sweet Choco - late | Cheeks and choco - late wings But 너의

Em | D | C

날 개 는 악 마 의 것 너의 그 | Sweet 앞 엔 Bi - tter Bi - tter 내 피 땀

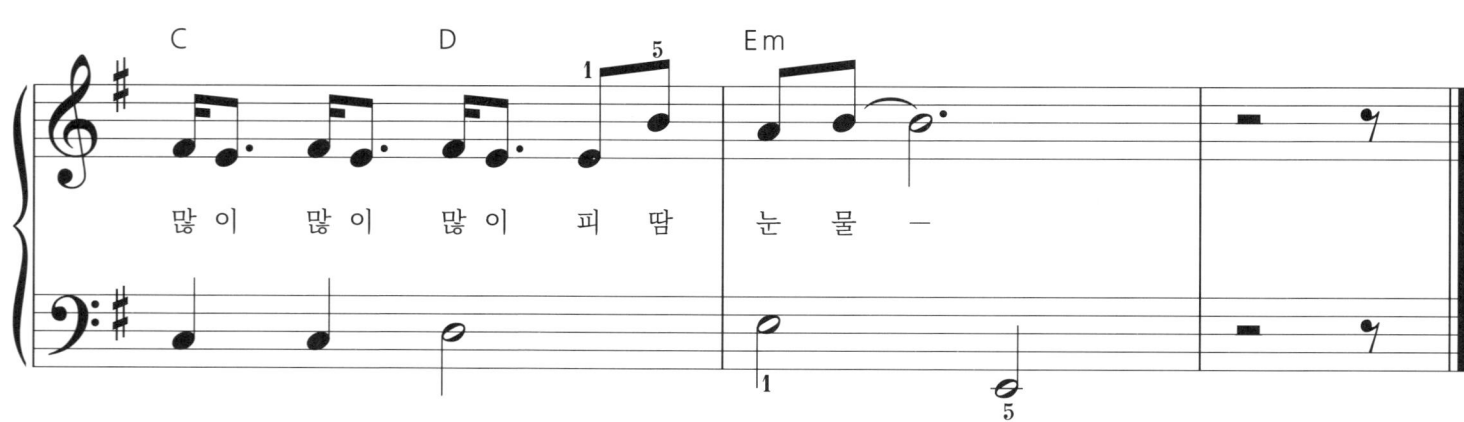

오늘부터 우리는

Me Gustas Tu

서용배, 이기 **작사**
서용배, 이기 **작곡**
여자친구(GFRIEND) **노래**

널 향한 설레임 을— 오늘 부터 우리 는— 꿈꾸 며— 기도하 는— 오늘

부터 우리 는— 저바 람 에 노 을빛— 내맘 을 실 어보— 낼게 그리

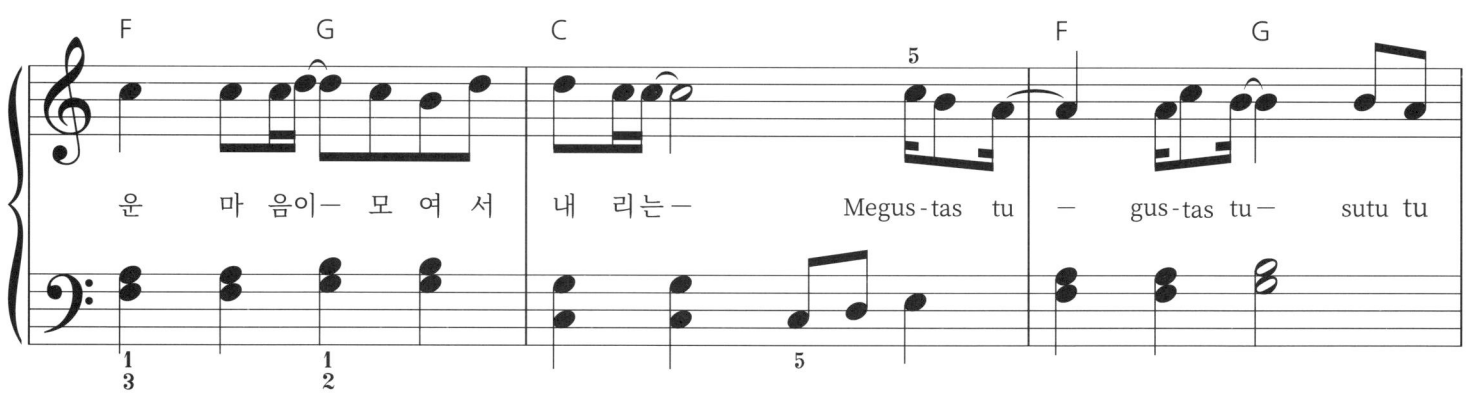

운 마음이— 모여 서 내 리는— Megus-tas tu — gus-tas tu— sutu tu

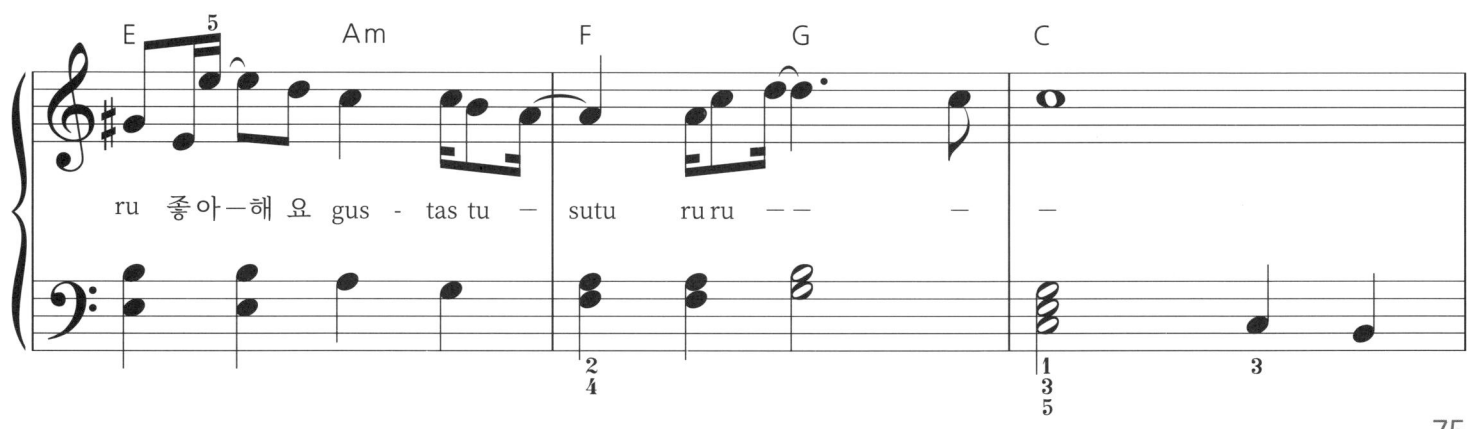

ru 좋아—해요 gus - tas tu — sutu ru ru —— —

한 발 짝 뒤 에 섰 던 우리는— 언 제 쯤 센 치 해질까 요 서 로

부 끄 러 워 서 아 무 말 도못— 하 는 너에게 로 다가가 고 싶 은 데— — 바람

에 나 풀 거 린 꽃잎— 처럼 — 미 래 는알수가 없 잖아— 이 제 는 용 기내— 서 고 백

할 게 요— 하 나 보 단둘— 이 서 서 로 껴 느껴— 봐 요 — 내마

77

나로 말할 것 같으면

Yes I Am

화사, 문별, 솔라 외 작사
김도훈 작곡
마마무(MaMaMoo) 노래

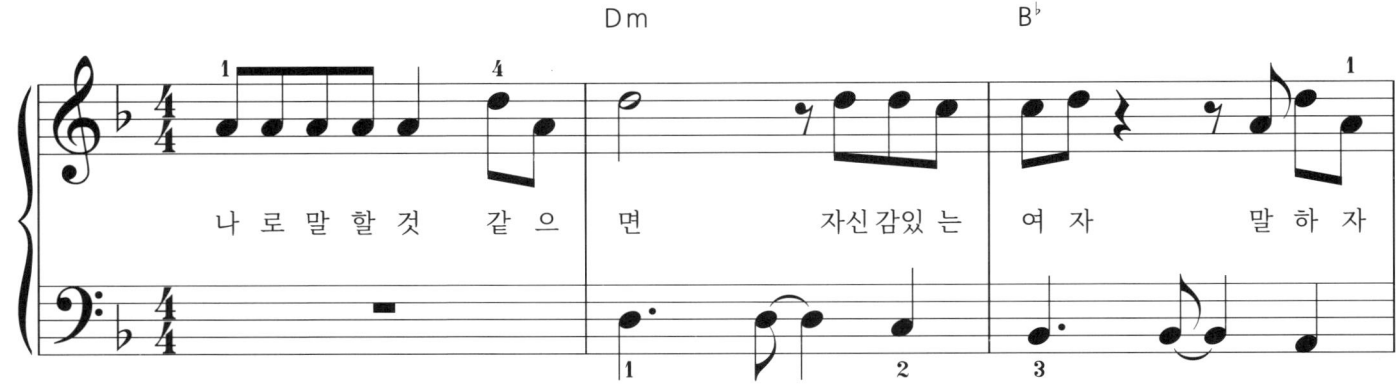

나 로 말할것 같으 면   자신 감있 는 여 자   말하자

면   느낌있 는 여 자   자신있 으 면   나를 따 라

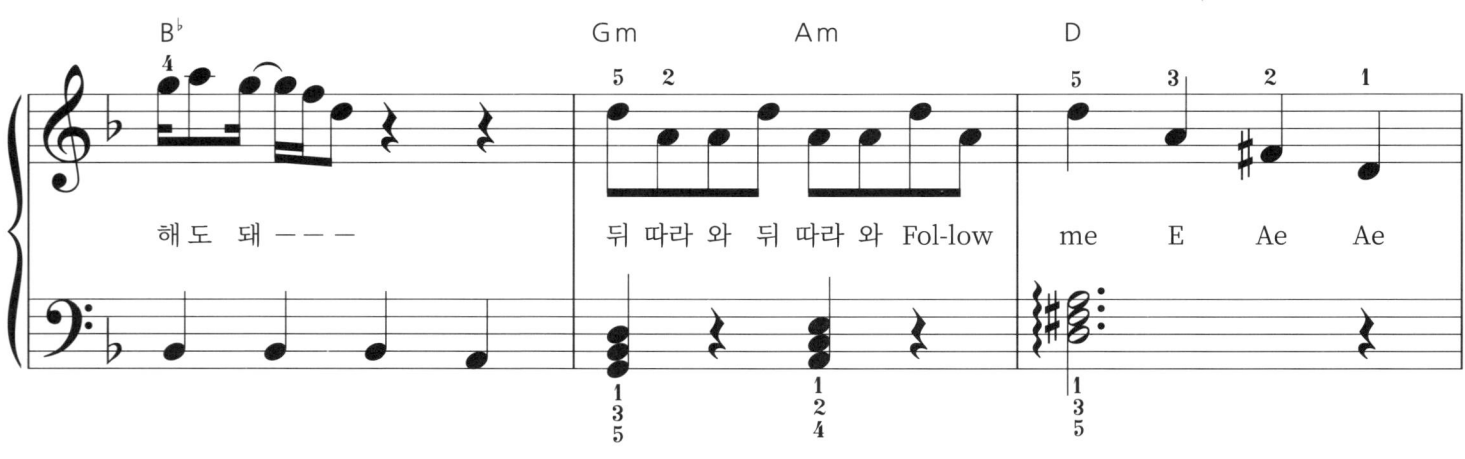

해 도 돼 ― ― ―   뒤 따라 와 뒤 따라 와 Fol-low   me E Ae Ae

화 장은옅 게   귀 찮으니 까―   노 출은안 해

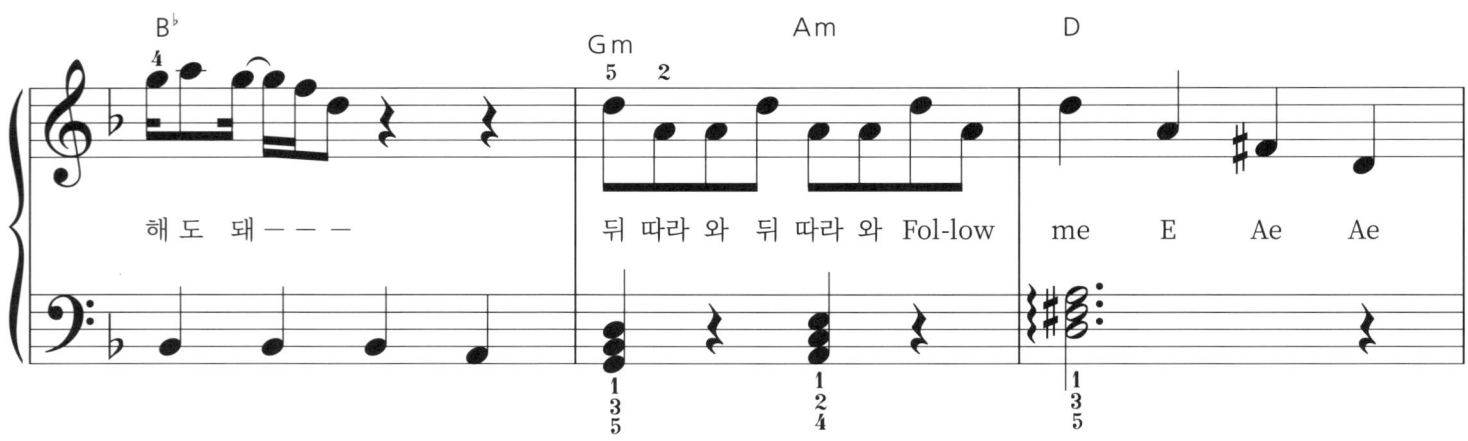

Beautiful

Kebee, 텐조 **작사**
우직, 텐조 **작곡**
워너원(Wanna One) **노래**

바보같이 아쉬움 많은 노래 가   하 늘에 닿기를   눈물 속에 밤 새운 내 기도 가

마 음에 닿기를   어 렸어 내가 이럴줄은몰 랐어   당연한거라그땐생각   했 었어

내 게 남 겨준미 소 가   아직 도이   가슴 속에남아있 어   솔 직 히

나   아직은받 는 사랑 이   필요한가봐 홀로 남 은 시 간 이

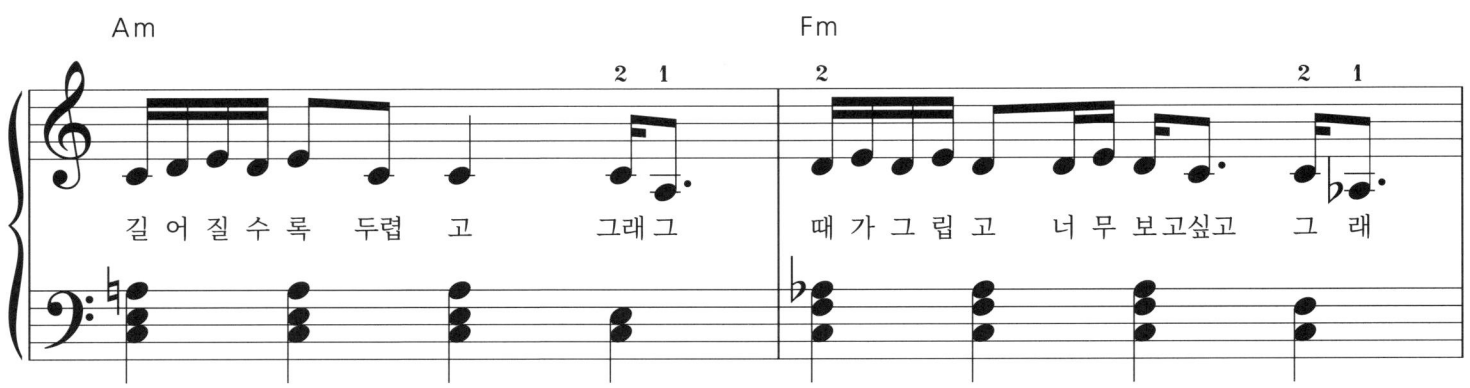

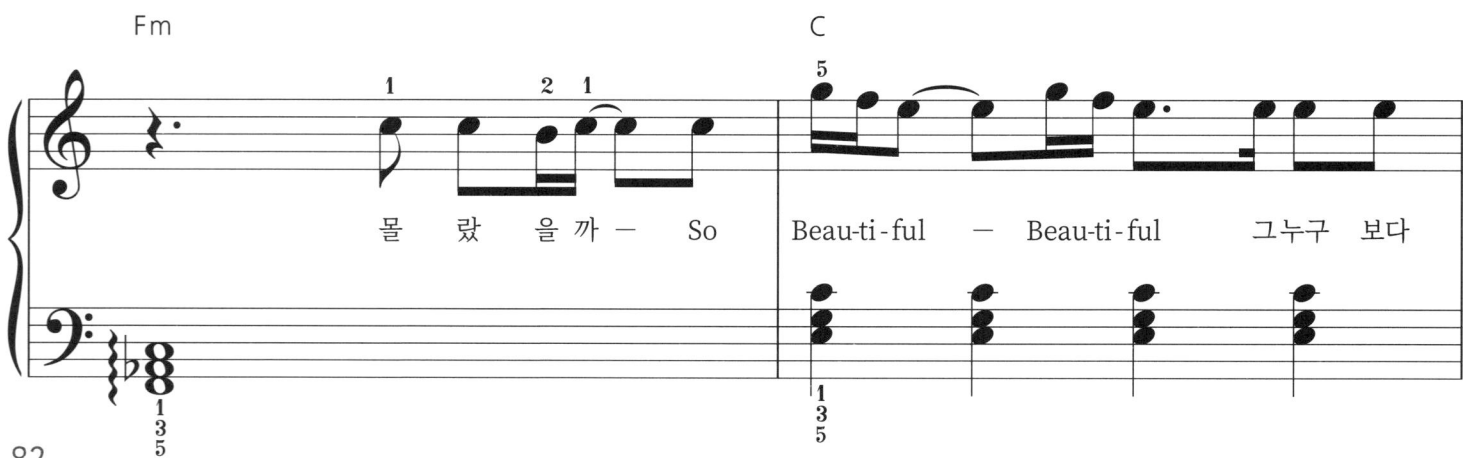

E   Am

아 름 다 울 너 니 까 — 아   프 지 마 울 지 마 널 향 한 노 래 가

1
3
5   1
                                           2
                                           5

Fm   C

들 린 다 면 다 시 돌 아 와   Oh   그 리 워 — 그 리 워   거 울 속 에

1
3
5

E   Am

혼 자 서 있 는 모 습 이 — 낮 설   어 두 려 워 네 가 필 요 해   이

                                           1
                                           2
                                           5

Fm   C

제 야 느 끼 는 내 가 너 무 싫 어 — — 다 시 돌 아 와 — —

4
                    1
                    3
                    5
                                    4   1
                                                               3
                                                               5

비도 오고 그래서

You, Clouds, Rain

헤이즈 **작사**
헤이즈, 다비 **작곡**
헤이즈(Heize) **노래**

오 늘은 오 — 랜 만 에 네 생 각을 하 — 는 날 이 야 —

일부러 난 — 너와 내 가 — 담 겨 있 는 — 노 랠 찾 아 — 오 늘은 슬 — 프 거 나 우울 해

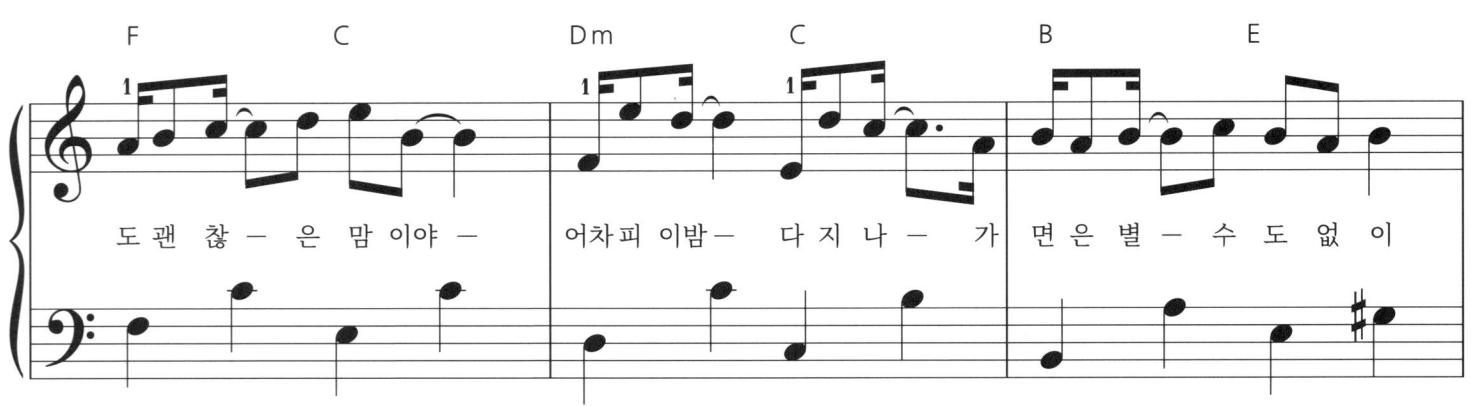

도 괜 찮 — 은 맘 이 야 — 어차피 이 밤 — 다 지 나 — 가 면은 별 — 수 도 없 이

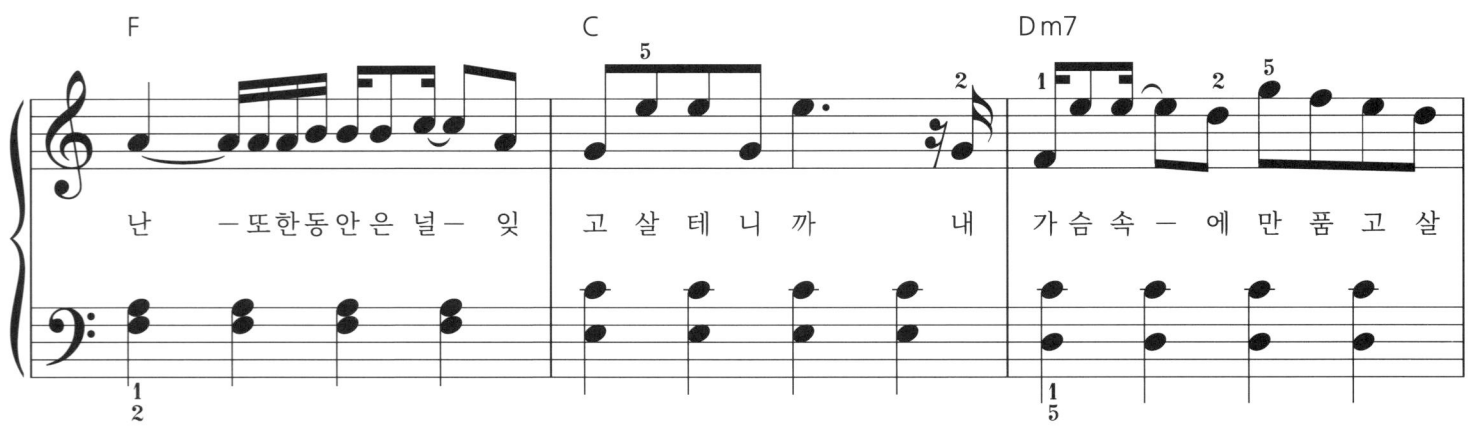

난 — 또한 동안은 널 — 잊 고 살 테 니 까 내 가 슴 속 — 에 만 품 고 살

Where You At

Bumzu, 김종현, 강동호 **작사**
Bumzu, 강동호, Royal Dive **작곡**
뉴이스트 W(NU´EST W) **노래**

Where you at

네 가없 는사 이 에   그 리워 진마 음 은   파 랗게 또멍 들   고

상 처난 ㅡ마 음 은   아 프지 않아 서ㅡ   고 칠생 각하 지않   아   어 렵사 리오늘

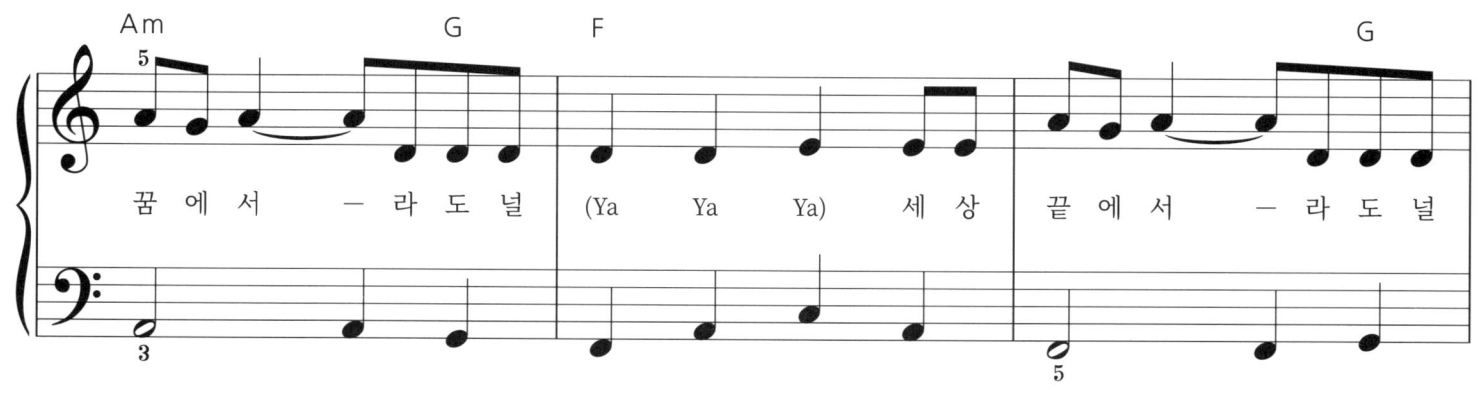

꿈에서 ─라도 널 (Ya Ya Ya) 세상 끝에서 ─라도 널

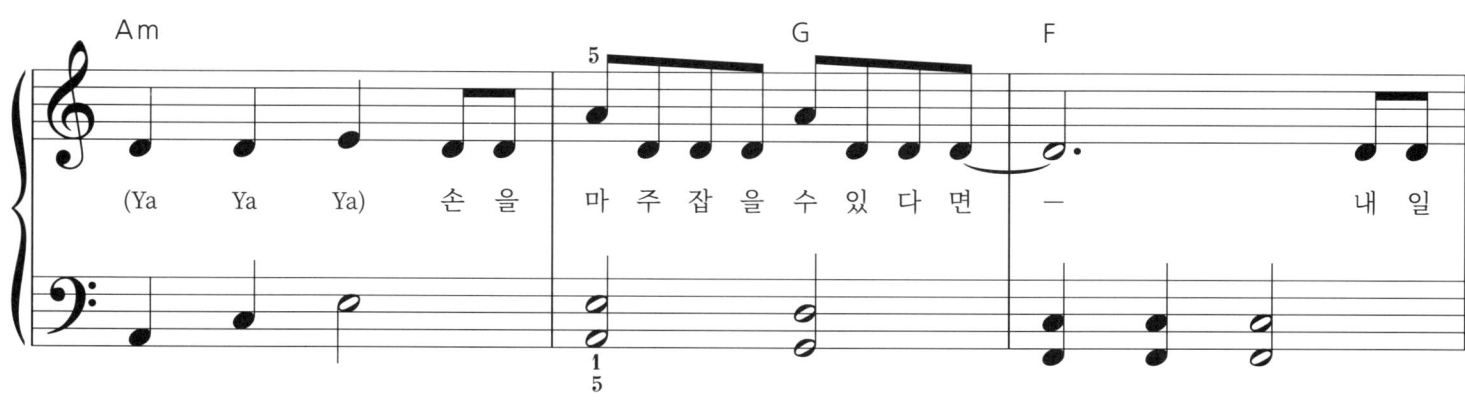

(Ya Ya Ya) 손을 마주 잡을 수 있 다면 ─ 내일

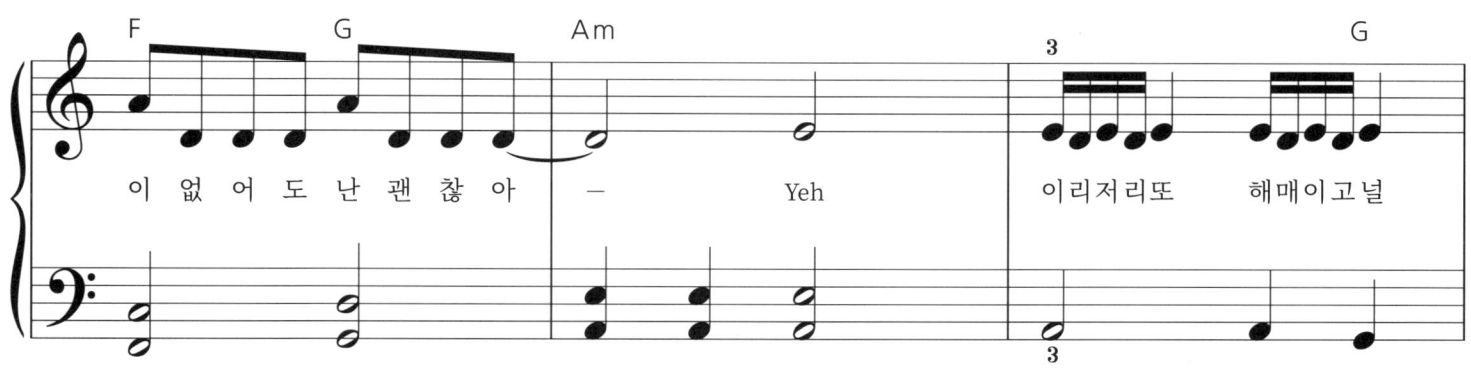

이 없 어 도 난 괜 찮 아 ─ Yeh 이리저리또 해매이고 널

찾아 ─ 너를찾아서 뛰어봐도내 방안 ─

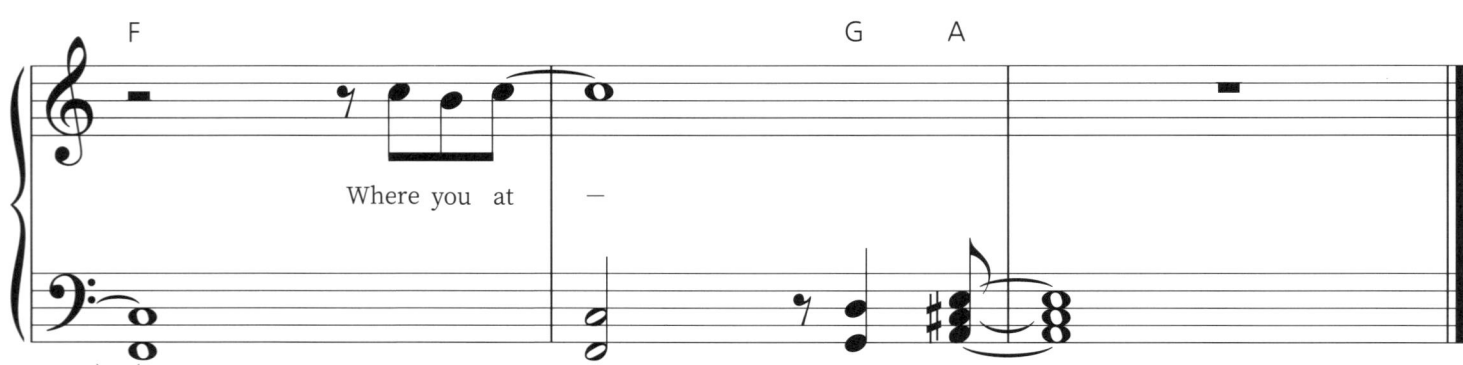

Love Me Love Me

강승윤, Mino, 이승훈 작사
강승윤, Mino 작곡
위너(Winner) 노래

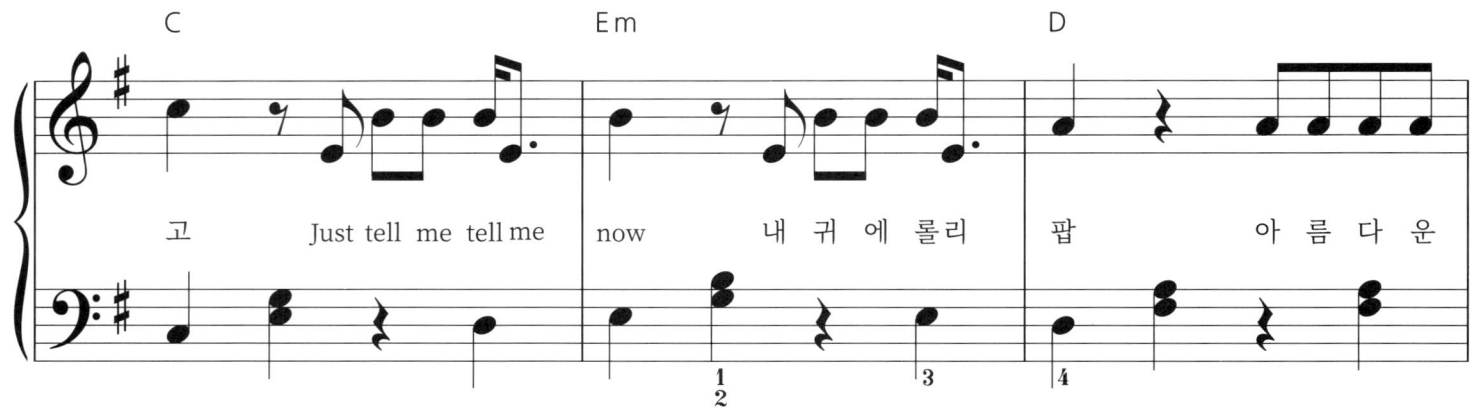

함께 춤—추 고—싶 어 — — — (Love me Love — me) Love me Love

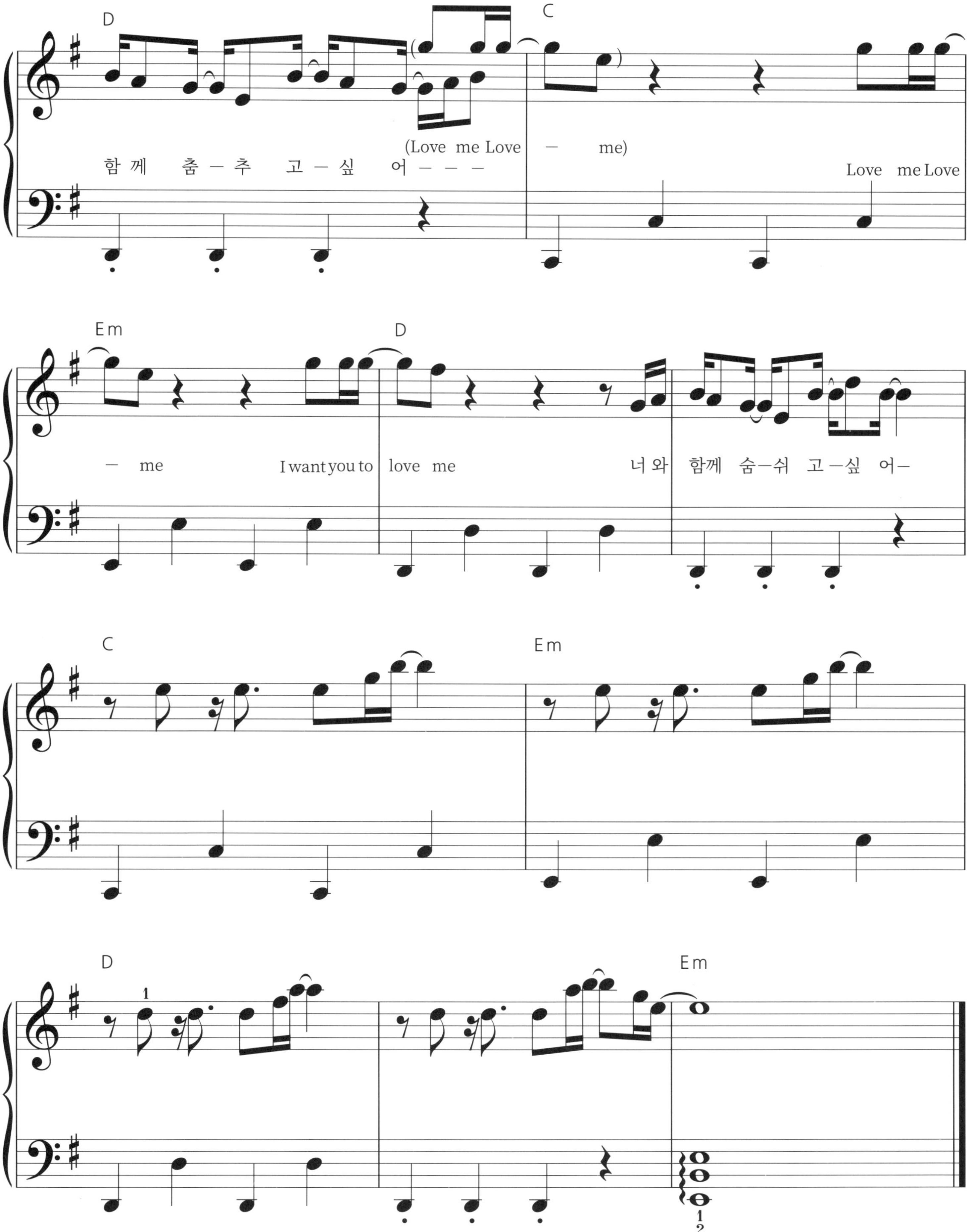

— me I want you to love me 너와 함께 숨—쉬 고—싶 어—

91

I Love
K-POP
아이 러브 케이팝
— 피아노 연주곡집 —

발행일 2018년 1월 20일
편곡 최예찬

발행인 최우진
편집책임 윤영란 · **편집진행** 여성은 · **디자인** 이효정
마케팅 현석호, 신창식 · **재무관리** 남영애

발행처 (주)태림스코어
출판등록 2012년 6월 7일 제 313-2012-196호
주소 서울시 마포구 동교로 13길 34(04003)
전화 02)333-3705 · **팩스** 02)333-3748

ISBN 979-11-5780-161-9-13670